당신이 꿈꾸지 못할
성공은 없다

GOAL SETTING

13 SECRETS OF
WORLD CLASS ACHIEVERS

꿈을 가져 본 적 있는 모든 사람에게

당신이 꿈꾸지 못할
성공은 없다

빅 존슨 지음 · 곽성혜 옮김

유노
북스

우리는 이번 삶을 딱 한 번 삽니다.
평생 까치발로 살금살금 살면서
너무 크게 다치지는 않고 죽기만을 바랄 수도 있고,
아니면 목표를 성취하고 원대한 꿈을 이뤄 가며
온전하고 충만한 삶을 살 수도 있습니다.

밥 프록터

성공한 사람들의 '비밀'을 자신의 삶에 적용하면
당신도 어메이징한 삶의 주인공이 될 수 있다.
이 책이 든든한 길잡이가 되어 줄 것이다.

조성희('마인드파워 스쿨' 대표, 밥 프록터 한국 유일 비즈니스 파트너)

성공의 문은
누구에게나 열려 있다

우리는 삶을 비범하게 해 주는 자질들을 많이 잊고 사는 시대에 살고 있다. 상상력, 독창성, 충동 그리고 두려움과 포기를 모르는 정신력이 우리 문화와 삶에서 아예 사라져 가고 있는 것 아닌가 싶을 때도 많다. 그러나 다행히 이는 한 단면일 뿐이다. 한편에서는 점점 더 많은 이가 자신의 무궁무진한 성취 능력을 알아 가고 있다. 평범한 이들이 비범한 성취에 도달하는 법을 배우고 있다는 얘기다.

이 책은 언젠가 꿈을 가져 본 적이 있는 모두를 위한 책이다. 이 책에서 독자들은 목표를 설정하는 법부터 그 목표를 성취하는 법까지 단계별로 하나씩 배우게 될 것이다. 아등바등 살아온 독자라면, 가도 가도 제자리걸음이라고 느끼는 독자라면 그것이 자신의 본질적인 결함 때문이 아님을 알게 될 것이다. 그보다는 이제껏 취해 온 사고방식과 깊은 관련이 있다는 것을 알게 될 것이다.

어마어마한 희소식이지 않은가? 누구든 자신이 생각하고, 말하고, 행동하는 방식을 바꿀 수 있으니 말이다. 성공은 로또 당첨이 아니다. 성공은 올바른 원칙 아래 올바른 마음가짐과 올바른 행동을 실천한 결과다.

수렁에 갇힌 듯 꼼짝도 할 수 없다고 느끼는가? 삶이 흘러가는 대로 구경만 하고 있는 기분인가? 그렇다면 이 책은 바로 당신을 위한 책이다. 피해의식에 사로잡히고, 외부 환경을 비난하고, 자기만의 안전지대로 기어들기는 쉽다. "난 안 돼"라고 단정하기도 쉽다. 하지만 그런 태도로는 늘 얻었던 결과에 계속 갇혀 있기만 할 뿐이다. 진정 다른 결과를 얻고 싶다면 먼저 다르게 행동할 준비부터 갖춰야 한다.

이런 유명한 경구도 있지 않은가?

"항상 하던 대로만 하면 항상 얻던 대로만 얻는다."

이 책은 읽는 책이 아니라 '하는' 책이다. 처음부터 끝까지 죽 읽기만 해서는 별 도움이 못 된다. 각 장마다 변화하기 위해 알아야 할 원칙부터 어떻게 시작할지 갈피를 잡아 주는 훈련 방법까지 수록했다. 그러니 이 책을 꼼꼼하게 읽고 훈련 방법을 잘 따라 하다 보면 어느새 배운 원칙을 행동으로 옮기는 습관을 들이게 될 것이다.

'행동에 옮기기'는 대단히 중요하다. 자기 계발서를 수없이 읽으면서도 변화를 일으키지 못하는 사람들이 얼마나 수두룩한가? 책을 읽으면서 자기가 뭔가 하고 있다고 착각하지만, 읽기만으로는 사실 아무 일도 일어나지 않는다. 그러니 이 책을 최대한 활용하고 싶다면 훈련을 성실히 이행하자. 결과가 생각보다 빨리 나타날 것이다.

자, 이제 시작이다!

꿈꾸는 자들의
삶을 바꿔 줄 책

내 이름은 빅 존슨이다. 아마 내가 2001년부터 개설해 운영하고 있는 여러 자기 계발 사이트를 통해 내 이름을 들어 본 독자도 있을 것이다. 이를테면, 베스트셀러 작가이자 자기 계발 대가들의 멘토인 제임스 알렌의 자기 계발 고전《위대한 생각의 힘(As a Man Thinketh)》을 지금까지 40만 부 이상 무료로 배포한 'AsAManThinketh.net'으로 나를 접했을 수도 있다. 혹은 10만 명의 회원들에게 매일같이 희망과 영감의 메시지를 전달하는 'MyDailyInsights.com'이라든가, 10년 넘게 전 세계 수천 명의 회원들에게 목표 설정 프로그램과 소프트웨어, 기타 비법들을 전수하고 있는 'Goals2Go.com'과 공동 설립한 목표 성취자들의 국제 모임 챔피언스 클럽을 통해 알게 됐을 수도 있다.

　물론 이외에도 더 많은 사이트가 있지만, 구구절절 나열해서 독자들을 따분하게 할 생각은 없다. 이 정도만 해도 우리가 사람들의 목표 성취를 돕는 데 일정 수준 이상의 경험과 실력을 갖고 있다고 짐작하리라 믿는다. 어떤 독자들은 베스트셀러《Day by Day with James Allen》을 통해 내 이름을 알게 됐을지도 모르겠다. 또는 걸출한 성공 철학가 짐 론의 주말 리더십 이벤트 DVD 시리즈에서 짐 론, 브라이언 트레이시, 데니스 웨이틀리와 나란히 출연한 것을 봤다면 이미 나를 알고 있을 수도 있다. 아니면 내 프로그램 〈Goals 2 Go〉로 나를 접했을지도 모르겠다.

　그도 아니라면 내 이름을 아는 독자는 분명 내 옛날 빚쟁이들 중 한 명일 것이다. 그 시절, 별로 오래되지도 않은 얘기지만 나와 우리 가족이 살던 집에서 쫓겨나고 나중에 자동차마저 잃었던 일을 기억하고 있는 것 아닐까? 나는 그때 일을 금세 다 잊었지만 그 시절에 배운 교훈들이 오늘의 나를 만들었고, 이 책에 담게 될 정보들을 더욱 값지게 만든다.

성공은 나를
기다리고 있다

　미리 말하지만, 나는 이 책에서 대학 교재에 나오는 이론 같은 걸 전개할 마음은 없다. 이 책은 삶을 바꾸는 책이고 어떤 이들에게는 그야말로 구원의 동아줄이 될 수도 있다.

미리 밝혀 둬야 할 게 또 있다. 나는 워낙 돌려 말할 줄 모르는 사람이다. 그래서 내 표현은 때로 당신의 미간에 곧장 내리꽂힐 것이다. 어떤 독자들은 내 말에 동의하지 않을 수도 있다. 하지만 사람들이 즐겨 하는 말이 있지 않은가?

"푸딩 맛은 푸딩을 먹어 봐야 안다."

내가 제공하는 푸딩과 이 책에 나오는 세계적인 성취자들의 푸딩 맛 역시 직접 먹어 봐야 안다. 부디 푸딩을 즐기는 법을 배우길 바란다. 삶이 곧 대단히 흥미로워질 것이다.

챔피언스 클럽에서는 2001년부터 회원들을 위한 목표 설정 프로그램들을 만들어 왔다. 저렴한 기초 독학 프로그램에서 전면적인 코칭과 컨설팅 프로그램에 이르기까지 다양한 프로그램들을 보급하며 전 세계 수천 명의 사람에게 새로운 성취의 경지를 열어 주는 데 일조했다.

첫 해부터 지금까지 내게는 매년 목표 설정에 관한 수많은 질문이 쏟아진다. 거의 비슷하게 반복되는 질문들이다. 그래서 나는 그 모든 메일과 전화에 일일이 응답하느니 세계적인 성취자들에게서 배운 내 은밀한 '비밀'을 같이 나누는 게 낫겠다고 판단했다. 여기서 세계적인 성취자들이란 기본적으로 내가 연구했던 사람들이다. 또 내게 멘토가 돼 주고 나를 지도했던 사람들이면서 챔피언스 클럽에서 나를 멘토로 두고 내게 지도를 받던 사람들이기도 하다.

솔직히 말해서 나는 목표 설정에 관한 잘못된 정보들이 항간에 넘쳐 나는 것이 이만저만 거슬리는 게 아니다. 스스로 목표를 성취하지도 못한 사람들이 자기는 실제로 실천하는지 의심되는 정보들을 마구 퍼뜨리고 있으니 말이다. 비록 누군가는 돈을 어마어마하게 들여 배우는 소중한 정보를 이 값싼 책 한 권에 거저 담아 주는 것이기는 하지만, 그래도 나는 최소한 순 엉터리가 아닌 진실이 돌아다니게 되는 것만으로도 만족한다.

내가 13가지 비밀을 밝히는 가장 큰 이유는 할리우드 음악가인 존 웨스트처럼 내게 이런 식의 편지를 보내는 사람들이 종종 있어서다.

"저는 오래전부터 해가 바뀔 때마다 목표를 세웠지만, 목표는 늘 미완인 채로 남아 이듬해로 넘어가 버렸습니다. 가끔 한두 가지씩 이루기도 했지만 전혀 체계적으로 이룬 것이 아니기 때문에 다음 해에는 뭔가 다르리라는 희망을 품을 수 없었습니다."

나중에 좀 더 소개하겠지만, 존의 편지는 여기서 끝나지 않는다. 나는 이런 얘기를 존뿐만 아니라 수천 명의 사람에게서 들었고, 나 역시 이런 좌절감을 경험한 적이 있다. 이 책은 당신도 할 수 있다고, 세계적인 성취자들이 사용한 비밀을 당신도 쓸 수 있다고 일깨우기 위한 내 작은 기여다. 정말이다. 그 비밀들은 당신이 써 주기만을 기다리고 있다.

　자, 좌석 등받이와 테이블은 제자리로 돌려놔 주시고 좌석 벨트를 매신 다음, 세계적인 성취자들의 13가지 비밀을 배우러 이륙할 채비를 하시라.

목차

· 첫 번째 비밀 ·

꿈의 크기에는 한계가 없다

─(시작)─

· 두 번째 비밀 ·

열정은 바라는 모든 것을 끌어당긴다

─(열망)─

· 열 번째 비밀 ·

과거의 실패는 미래의 성공을 망치지 못한다

끈기

· 열한 번째 비밀 ·

당신이 할 일은 남들이 하지 않는 일이다

습관

· 첫 번째 비밀 ·

꿈의
크기에는
한계가 없다

시작

큰 꿈을 꿔라.
오직 큰 꿈만이 사람의 영혼을 움직일 힘이 있다.
—
마르쿠스 아우렐리우스

인간은 꿈꾸는 동물이다

로마 제국의 황제 자리에 올랐던 마르쿠스 아우렐리우스도 세계적인 성취자들의 가장 중요한 비밀 하나를 공유했다. 그는 이렇게 말했다.

"큰 꿈을 꿔라. 오직 큰 꿈만이 사람의 영혼을 움직일 힘이 있다."

챔피언스 클럽 회원들이 내게 토로하는 제일 큰 고충은 '미루는 버릇'이다. 내 생각에 미루는 버릇에는 두 가지 원인이 있는데, 그

중 하나가 바로 '꿈이 너무 작아서'다. 성취해 봤자 대단한 희열이 느껴지지 않을 일이라면 미루기가 오죽 쉽겠는가.

큰 꿈은 우리가 작은 꿈을 꿨다면 결코 해내지 못했을 일들을 하게 해 준다. 그 꿈에 도달하기까지 우리를 끌고 가다시피 하며 그 과정에서 만날 걸림돌들을 넘어서게 한다.

인생에 자기만의 의미와 목적을 품는 것은 보람차고 가치 있는 삶으로 나아갈 용기를 얻는 일이다. 동물은 제 목표를 선택할 수 없다. 자기 보호와 생식은 처음부터 정해져 있는 목표이자 불변하는 목표다. 바꿀 수 있더라도 단시간 내에는 불가능하다. 동물의 성공 메커니즘은 본능에, 미리 정해진 목표에 국한돼 있는 셈이다.

반면 인간은 동물에게는 없는 것을 갖고 있다. 바로 '창조적 상상력'이다. 인간은 창조물인 동시에 창조자다. 온갖 목표를 세울 수 있고, 선택한 목표는 무엇이든 추구할 수 있다. 인간은 성취하고 싶은 것을 선택함으로써 창조 메커니즘을 스스로 통제한다. 우리의 창조 메커니즘은 우리가 성취하라고 주문하는 목표를 성취하기 위해 1년 365일, 하루 24시간 동안 쉬지 않고 자동으로 돌아간다. 우리가 목표를 의식적으로 선택하지 않아도 이 메커니즘은 계속 돌아가는데, 이 경우에는 대개 부정적인 목표를 향해 돌아간다. 실패를 향한 목표와 성공을 향한 목표가 무의식의 입장에서는 아무런 차이가 없기 때문이다.

그런데 창조 메커니즘을 실패 메커니즘에서 성공 메커니즘으로 전환하기는 또 매우 간단하다. 마음속에 부정적인 목표와 이미지 대신 성공 지향적인 목표와 이미지를 투사하기만 하면 된다. 우리의 자아 이미지는 우리가 인생에서 얻게 될 결과물에 직접적인 영향을 미친다. 따라서 자아 이미지를 적극적으로 관리하지 않는 한 그 이미지는 늘 해 오던 대로 작동해서 과거의 결과들을 반복할 것이다.

인간이 목표를 세우는 이유는 그것이 사회적 관습이거나 문화의 산물이어서가 아니다. 그렇게 하게끔 생겨 먹어서다. 우리 뇌에서 가장 진화한 부분, 그러니까 앞부분의 3분의 1을 차지하는 전전두피질은 우리의 목표 설정과 성취를 돕게 돼 있다. 목표 지향적으로 살면 목표 지향적인 행동을 할 뿐 아니라 뇌의 능력도 최대치로 활용할 수 있다는 뜻이다.

결승선을 넘는 사람과
출발선도 넘지 못하는 사람

데니스 웨이틀리는 《데니스 웨이틀리의 승자의 심리학(The Psychology of Winning)》에서 인생이라는 경기를 치르는 사람들을 다음의 세 가지 유형으로 분류한다.

- 구경꾼

대다수의 사람이 여기에 속한다. 이들은 그저 삶이 흘러가는 대로 구경꾼처럼 쳐다보기만 한다. 다치거나 질까 봐, 놀림당하거나 거부당할까 봐 두려워서 새롭거나 근사한 것은 아예 시도조차 하지 않는다. 그저 TV에 나오는 삶을 지켜보며 자기 삶을 허비할 뿐이다. 적극적이기보다는 수동적인 역할을 자처한다.

이 구경꾼들은 무엇보다도 승리를 두려워한다. 승리라는 족쇄가 책임을 떠안기고 다른 사람들에게 좋은 역할 모델이 돼야 한다는, 본보기가 돼야 한다는 부담감을 주기 때문이다.

결국 이들은 삶을 나은 방향으로 변화시키기 위해 최소한의 노력만 기울인다. 자기 운명 속에서 좀 더 적극적으로 역할을 수행하기보다 뒤로 물러나 다른 이들이 꿈을 성취하는 모습을 지켜보기만 한다. 다른 누군가가 자신을 대신해서 생각해 줄 수 있도록 TV만 본다. TV를 자기 자신의 생각으로부터 달아나는 도피처로 이용하는 셈이다. 이 대목에서 세계적인 비즈니스 컨설턴트이자 베스트셀러 저자인 브라이언 트레이시도 고개를 끄덕일 것이다.

그는 이렇게 표현했다.

"목표가 없는 사람은 목표가 있는 사람을 위해 평생 일해야 하는 종신형에 처해진다."

- 패배자

이들은 다른 사람과 비슷하게 보이고, 비슷하게 행동하기를 선호한다. 그러면서도 남들을 비판하고 트집 잡는 데 시간을 허비한다. 패배자를 알아보기란 쉽다. 이들은 늘 동작 빠르게, 거의 기다렸다는 듯이 자신과 남들을 비하하기 때문이다.

- 승리자

이들은 자신이 바라는 삶을 아주 쉽게 얻는 듯 보이는 소수다. 승리자는 자신만이 아니라 다른 사람들에게도 도움이 되는 목표를 세우고 또 그 목표를 성취한다.

적극적으로 시간과 노력을 투자하고 공부해서 자신의 뇌와 자아 이미지, 자기 대화에 관해 되도록 많이 배우는 것은 순전히 각자에게 달린 개인적 책무다. 하지만 그 책무를 이행하는 사람의 삶은 자신의 삶에 대해 수동적 자세를 고수하며 사는 대다수 사람보다 한 차원 높아질 것이다.

수동적인 사람들은 인생이 흘러가는 대로 바라만 보지만, 이 '비밀'들을 공부하는 사람은 자신의 생각을, 목표를 그리고 결국 인생을 자신의 뜻대로 움직이게 될 것이다. 큰 꿈을 꾸는 삶을 살기란 생각만큼 어렵지 않다. 그야말로 결심만 하면 된다.

자, 이제 세계 제일의 목표 성취자에게서 위대한 교훈을 얻어
보자.

그는 어떻게
그 많은 꿈을 이뤘을까?

존 고다드는 고작 15세에 127개의 인생 목표를 작성하는 발상
을 떠올렸다. 어린 소년은 단순한 노란색 리갈 패드에 자신이 꿈
에 그리던 일들을 죽 적었다. 그는 TV 없이 자랐기 때문에 대개
는 놀이 삼아 읽던 백과사전에서 접한 일들이었다.

내가 처음 만났을 때 이미 70세가 넘었던 그 '청년'은 자신의 목
표 127개 중에서 111개를 달성했다고 말했다. 그 와중에 500개의
목표를 더 해냈다고!

그가 이룬 목표 몇 가지만 소개하자면 이렇다.

- 마터호른, 아라라트, 킬리만자로, 후지, 레이니어, 그랜드 테
  톤즈 등 세계 주요 명산들의 정상에 올랐다.
- 중동에서 아시아와 중국에 이르는 마르코 폴로의 여행 경로
  를 되밟았다.
- 1마일(약 1.6킬로미터)을 5분에 주파하고, 멀리뛰기를 4.5미
  터, 높이뛰기를 1.5미터 뛰었으며, 윗몸 일으키기 200회, 턱

걸이 20회를 해냈다.

- 6,671킬로미터에 이르는 세계에서 가장 긴 강인 나일 강을 세계 최초로 탐험했다. 이는 그가 15세에 작성한 원래 목록에 첫 번째로 적은 목표였으며, 이를 달성한 뒤〈LA 타임스〉는 그를 두고 "실존하는 인디애나 존스"라고 불렀다. 이외에도 존은 아마존, 콩고 등에 있는 세계의 다른 주요 강을 탐험했다.
- 세계 122개국을 여행하며 260개 부족과 함께 살았고, 미국 남부 플로리다의 산호 암초 지대, 호주의 그레이트 배리어 대암초 지대, 홍해 등을 탐사했다.
- 40가지 종류의 항공기를 몰았다. 이는 민간인 비행 기록으로는 아직까지 경신되지 않았다.
- 성서를 처음부터 끝까지 읽었고 불어, 스페인어, 아랍어 회화를 배웠다.
- 목록의 마지막 두 개의 항목은 '결혼해서 아이 낳기'와 '살아서 21세기 맞이하기'였다. 그는 여섯 명의 자녀를 얻었고, 2013년 88세로 생을 마감할 때까지 멋들어지게 살았다.

세상에서 가장 위대한 모험가이기만 한 것이 아니라 인생의 지혜까지 겸비한 존은 이렇게 말했다.

"인생에서 자기가 진정으로 바라는 것이 무엇인지만 알고 있다면 놀랍게도 기회가 저절로 찾아와 그 꿈을 실현하게 도와줄 것이다."

원하는 것을 모두 이루는 비결

그렇다면 존의 비결은 무엇이었을까?

• 꿈을 종이에 적었다.

물론 이 방법을 지금 처음 들어 본 독자는 아마 없을 것이다. 나는 자라면서 20년 동안 신물 나게 들었고, 20년 동안 끈질기게 무시했다! 하지만 목표를 종이에 적는 것은 정말로 강력한 방법이다. 브라이언 트레이시 말마따나 성공의 기회를 최소 1,000퍼센트는 높여 준다.

• 꿈이 컸다.

작은 꿈에는 아무런 힘이 없다. 꿈이 크지 않으면 인생에 등장하는 걸림돌들에 굴복하기가 너무나 쉽다. 달리 말해 꿈이 작거나 평범하면 위대한 성취의 필수 요소인 끈기를 유지하기가 대단히 어렵다.

큰 꿈을 성취하려면 더 큰 사람이 돼야 한다. 새로운 습관, 능력, 기술, 태도를 개발하며 기지개를 켜듯 자신을 확장해야 한다.

꾸준히 그렇게 하다 보면 확장된 상태가 영원히 지속된다.

전설적인 코치 루 홀츠는 이렇게 말했다.

"삶이 따분하다면, 아침마다 힘차게 일어나서 일하고 싶은 열망이 불타오르지 않는다면 아직 목표가 확실하게 확립되지 않은 것이다."

존 고다드는 수많은 목표를 설정했을 뿐 아니라 그 목표들을 성취했고, 그 과정에서 어마어마하게 성장했다. 큰 목표를 성취하는 사람들은 언제나 자기 인생 최고의 목표에 곧바로 도전한다.

'나는 무엇을 위해 사는가?'

'내가 죽은 뒤에 사람들이 나에 대해 뭐라고 말했으면 하는가?'

'나는 떠날 때 나는 어떤 종류의 유산을 남기고 싶은가?'

'나는 어떤 가치 또는 도덕적·윤리적 믿음을 갖고 있나?'

이런 질문들이 자신을 앞으로 떠밀게 하자. 이런 질문들이 자신의 삶을 긍정적이고 역동적으로 가꾸게 하자. 명확한 목표는 그야말로 완벽한 출발점이다. 불타오르는 열망이 뒷받침되기만 하면 명확한 목표는 저절로 살아 움직인다. 목표 더하기 열망은 현실이다. 명확한 목표를 정한 다음 자나 깨나 그 목표를 갈망해야 한다. 그것이 저절로 마음을 온통 빼앗는 집착이 될 때까지 말이다.

목표의 크기에 어울리는
성공이 온다

그렇다면 얼마나 커야 큰 꿈인가? 그 목표 때문에 살짝 긴장이 되지 않는다면, 처음 생각해 냈을 때 숨이 턱 막히지 않는다면 그 목표는 크다고 보기 어렵다. 이 물리적 증상들은 생각이 몸에 화학 반응을 일으킬 때 나타나는 결과들이다. 꿈이 너무 커서 생각만으로도 몸이 물리적 변화를 일으켜야만 비로소 제대로 된 출발점에 섰다고 할 수 있다. 그러니 인생에서 승리하기 위해서는 반드시 목표를 명확히 설정해야 한다. 자신이 무엇을 원하는지 알아야 하고, 그것을 손에 넣고자 하는 불타오르는 열망이 있어야 한다.

풍족하고 번영하는 삶을 바라며 큰 꿈을 꾼다고 해서 부족하고 궁상스러운 삶을 그냥 받아들이는 것보다 품이 더 들지도 않는다. 어차피 한계는 스스로 정한 것일 뿐이다. 인간이 지닌 정신의 힘이란 얼마나 이상하고 오묘한지 우리는 정말로 우리가 생각하는 대로 된다.

부족하고 군색하다는 생각은 공격성, 이기심, 근심, 질투의 감정을 낳는다. 효과가 부정적인 것이다. 반면 넉넉하다는 생각은 친절, 사랑, 번영, 너그러움의 감정을 낳는다. 효과가 긍정적인 것이다. 이 중 어떤 생각에 초점을 맞추느냐는 순전히 자신의 의지에 달렸다.

뇌는 뭐든지 우리가 믿으라는 것을 믿는다. 우리가 말을 하면 뇌는 그것을 창조한다. 뇌에게는 다른 선택의 여지가 없다. 그러니 변화를 만들고 그 변화를 유지하려면 뇌의 작동 방식을 따라야 한다. 의식적으로든 무의식적으로든 우리가 하는 모든 생각은 뇌에서 전기 자극으로 변환되고, 이 자극은 뇌의 통제 센터에 지시를 내린다. 결국 모든 감정, 느낌, 행동, 순간이 생각의 지시와 통제를 받는 셈이다.

다행히 우리는 뇌를 다시 프로그래밍할 수 있다. 낡고 부정적인 이미지와 한계 짓는 믿음을 긍정적이고 생산적인 것들로 교체할 수 있다. 그것도 아주 간단하게 말이다. 이 책에서 그 방법을 소개할 것이다.

비범한 사람은 비범한 생각을 해서 비범하다

성공은 결코 기회나 행운이나 성실한 노력만으로 얻어지는 것이 아니다. 피나게 노력하면서도 성공하지 못하는 사람들이 얼마나 많은가? 성공은 목표를 성취하는 확실한 비밀을 배운 후 그것을 꾸준히 적용해서 얻는 결과다. 이 책에서 알려 주려는 것이 바로 그 비밀이다.

변화를 일으키는 것은 과거에 의식적으로 해 본 적이 없다면 시작하기가 다소 어렵다. 어마어마한 집중과 노력과 훈련과 열망이 소요되기 때문이다. 그래서 사는 동안 깜짝 놀랄 만큼 극적으로 변하는 사람들이 그렇게 드문 것이다. 하지만 자기 안에 무한한 힘이 있음을 안다면 누구라도 기꺼이, 아니 간절히 변하려고 노력할 것이다. 누구라도 그 힘에 접속하는 법만 배우면 얼마든지 변할 수 있다.

넓게 퍼지는 햇살은 따뜻하다. 하지만 똑같은 양의 햇살이라도 돋보기로 초점을 모으면 종이를 태울 만큼 뜨거워진다. 이 초점의 힘은 상상력에서도 다르지 않다. 목표 없는 사람의 상상력은 이리저리 흩어져 그저 그런 즐거움 정도만 안겨 준다. 하지만 똑같은 사람의 상상력이라도 하나의 목표에 꾸준히 모아지면 자아이미지와 성공 메커니즘이 그에 맞게 프로그래밍돼 무엇이든 원하는 대로 성취할 수 있다.

성공은 수많은 목표와 꿈을 성취한 소수의 사람들, 주위로부터 숭앙받는 소수의 사람들만이 누릴 수 있는 특권이 아니다. 성공하는 사람은 일부러 더 큰 목표를, 자기를 확장해 주고 끊임없이 성장하게 하는 목표를 세우는 사람들이다. 성공하는 사람은 목표를 향해 움직인다. 성공하는 사람은 목표를 향해 가는 과정에서

부터 이미 보람 있고 균형 잡힌 삶을 즐긴다.

우리의 잠재력은 무한하다. 무의식은 잠재력을 향해 항상 '예스'라고 말하지만, 무의식이 우리의 잠재력을 결정해 주지는 못한다. 결정은 우리 각자의 몫이다. 마음에 대고 원하는 것을 말한 다음 그에 따라 행동을 시작하고, 마음속으로는 열망하는 그 결과를 분명히 품어야 한다.

윌리엄 제임스는 이런 옳은 말을 했다.

"몸의 행동은 내적 생각의 외적 발현이다. 당신은 당신 안에서 보는 것을 당신 밖에서도 얻는다."

당신은 당신 안에서 무엇을 보고 있는가? 당신이 성취할 수 있는 최고의 가능성을 보는가 아니면 계속 과소평가만 하는가? 인생을 바꾸려면 인생을 아주 조금만 다른 방식으로 인식하기만 하면 된다. 우리가 머릿속에서 '보는 것'이 우리가 궁극적으로 예상하는 것이다. 우리가 예상하는 것이 우리가 궁극적으로 '얻는 것'이다.

누구는 성공하게 하고 누구는 실패하게 하는 마법 따위는 없다. 평범한 사람들은 평범한 생각을 해서 평범하다. 비범한 사람들은 비범한 생각을 해서 비범하다. 삶은 우리가 요청하는 것은 무엇이든 내준다.

당신은 삶에게 무엇을 요청하고 있는가?

당신에게 확신을 주는
성공 노트 1

- 큰 꿈을 꾸자. 큰 꿈은 우리가 작은 꿈을 꿨다면 결코 해내지 못했을 일들을 하게 해 준다.

- 작은 꿈에는 아무런 힘이 없다. 꿈이 작거나 평범하면 위대한 성취의 필수 요소인 끈기를 유지하기가 대단히 어렵다.

- 꿈이 너무 커서 생각만으로도 몸이 물리적 변화를 일으켜야만 우리는 제대로 된 출발점에 선 것이다.

- 마음에 대고 원하는 것을 말한 다음 그에 따라 행동을 시작하고, 마음속으로는 열망하는 그 결과를 분명히 품어야 한다.

- 평범한 사람들은 평범한 생각을 해서 평범하다. 비범한 사람들은 비범한 생각을 해서 비범하다.

· 두 번째 비밀 ·

열정은
바라는 모든 것을
끌어당긴다

(열망)

사람들이 분명한 목표를 세우고
거기에 완전히 사로잡힐 때까지 집요하게 매달리기만 한다면
그들의 이야기가 얼마나 달라지겠는가!

—

나폴레온 힐

무엇이든 가능케 하는
무한한 힘

나폴레온 힐은 성공 지침서의 전설적인 고전으로 평가받는 책
《놓치고 싶지 않은 나의 꿈 나의 인생(Think and Grow Rich)》에
이렇게 썼다.

"열망은 모든 성취의 출발점이며 … 부자가 되는 첫걸음이다."

그리고 그는 당시에 가장 성공한 사람들 500여 명을 인터뷰하
고 그들 특유의 열망을 "마음을 사로잡는, 집요한, 약동하는, 불타

오르는" 같은 형용사들로 표현했다. 지금 목표를 향한 당신의 열망도 이 단어들로 표현할 수 있는가?

살면서 가장 강렬하게 연애했을 때 들었던 느낌을 떠올려 보자. 오로지 그 사람만 생각하고, 그 사람 꿈만 꾸고, 그 사람 얘기만 하지 않았는가? 아무리 해도 성이 차지 않았을 것이다. 같이 있지 않을 때는 몇 시간이라도 전화기를 붙들고 얘기했을 테고, 전화마저 할 수 없을 때는 언제 다시 만날지 계획을 세우느라 정신이 없었을 것이다. 한마디로, 완전히 사로잡혀 있었을 것이다.

이처럼 열망은 워낙 힘이 막강해서 사람들은 열망을 만족시키기 위해서라면 목숨이라도, 자유라도, 운이라도 다 건다.

내 친구 르네 고드프루아는 모국인 아이티에서의 가난을 뒤로 하고 풍요와 기회의 땅 미국으로 건너왔다. 그가 자유를 찾겠다고 트랙터 트레일러 밑면에 매달려 다섯 시간이나 참혹하게 버텨낼 수 있었던 힘은, 무수한 이민자가 살아남지 못한 그 방법을 택했던 힘은 가장 강력한 형태의 열망, 즉 '마음을 사로잡는, 집요한, 약동하는, 불타오르는' 열망이었다.

물론 우리가 꿈을 실현하기 위해 목숨까지 걸어야 할 일은 거의 없을 것이다. 하지만 꿈을 향한 열망이 르네만큼이나 간절해진다면 그 결과가 얼마나 어마어마하게 커질지 상상이 가는가? 열망은 말한다.

"하고 싶어."

"할 수 있어."

"할 거야."

"기회가 보여."

이런 열망의 감정 상태가 존재하는 곳이 바로 각자 현재 있는 위치와 장차 있고 싶은 위치 사이다. 그곳에서 열망은 긍정적이고 자석 같은 힘을 발휘한다. 열망과 믿음은 언제나 그리고 누구에게나 열려 있다. 누구에게나 무한한 힘을 제공하고 무엇이든 가능하게 해 준다. 따라서 우리는 이 힘을 자신에게 유리하게 이용해야 한다.

성취자는 성공을 열망하는 사람들이다. 자기 자신만이 성공을 현실로 만들 수 있음을 알고 성공을 준비하는 사람들이다. 이들은 열망과 믿음이 완벽한 한 팀임을 알기 때문이다. 이들은 '불가능' 같은 단어는 모른다.

열망은 황금과 돈보다도
힘이 세다

무엇이 되고 싶고, 무엇을 하고 싶다는 열망은 꿈이 실현되는 출발점이다. 포부가 작거나 게으르면 꿈이 태어나지 못한다. 단순히 바라고만 있으면 부자가 되지 못한다. 하지만 열망이 점화되기만 하면 그리고 목표를 성취할 분명한 방법을 계획하고서 끈기를 발휘하기만 하면 무슨 일이 있어도 바라는 모든 일이 이뤄질 것이다.

열망은 누구에게도 양도해서는 안 된다. 만약 땅에 묻힌 보물을 발견했는데 누가 달라고 한다면 쉽게 넘겨줄 수 있는가? 열망도 마찬가지다. 절대로 열망을 포기하지 말자. 열망은 황금과 돈보다도 훨씬 힘이 세다.

믿음과 행동을 효과적으로 바꾸기 위해서는 합리적인 사고를 깊은 감정과 열망으로 뒷받침해야 한다. 되고 싶은 자기 모습이나 갖고 싶은 것을 잠시 마음속에 그리고서 스스로 그것을 성취할 수 있다고 생각하자. 거기에 깊은 열망과 열정을 불러일으키자. 계속 곱씹고 마음속으로 떠올려서 이 열망에 적극적으로 동참해야 한다. 그럼 이 열망이 무의식을 일깨우기 시작할 것이다. 무의식이 깨어나 열망을 성취하기 위한 단계들을 밟아 나가도록 당신을 도울 것이다.

현재 우리가 갖고 있는 부정적인 믿음들은 생각에 감정이 결합돼 생겨났다. 그러므로 열망의 힘으로 새로운 감정과 느낌을 만들어 내는 데 집중하면 새로운 생각과 개념이 새로운 그림을 형성할 것이고, 결국 이전의 두려움과 의심은 사라진다. 이것이 열망이 그토록 중요한 이유다.

열망이 잘 점화되지 않는 사람은 아직 목표를 제대로 발견하지 못했을 가능성이 크다. 목표를 제대로 세웠는지 점검하고 싶다면 다음의 질문들을 던져 보자.

'나는 내가 하고 있는 일에 자주 황홀함을 느끼는가?'
'나는 실력을 향상시켜 나 자신을 계속 놀라게 하는가?'

이 두 질문에 "그렇지 않다"라는 대답이 나오거나 곰곰이 생각해 봐야 하는 사람은 아직 자기만의 확실한 분야를 찾지 못한 것이다. 부디 열망에 진정으로 불꽃을 틔우는 일을 발견할 때까지 계속 찾길 바란다.

마음속 열망을 현실로 만드는 법

열망을 현실로 만드는 방법을 알고 싶다면 다음의 6단계 활동을 해 보면 좋다. 이것도 나폴레온 힐의 책에 나오는 방법이다.

1단계. 원하는 것이 무엇인지 명확하고 구체적으로 정한다.
2단계. 원하는 것을 얻는 대가로 정확히 무엇을 내놓을지 결정한다. 세상에 거저 얻는 것은 없음을 명심하자.
3단계. 1단계에서 정한 열망을 언제 성취할지 분명한 날짜를 못 박는다.

4단계. 열망을 성취할 뚜렷한 계획을 세운 다음 지금 당장 시작

한다. 준비가 됐든 안 됐든 상관없다. 무조건 시작한다.

5단계. 성취하려는 목표를 명확하고 간결한 문장으로 적는다.

성취할 날짜, 지불하려는 대가, 성취에 이르는 과정과 계

획까지 명시한다.

6단계. 작성한 문장을 아침에 일어날 때 한 번, 밤에 잠자리에

누울 때 한 번 큰 소리로 읽는다. 읽으면서 그 목표를 이

미 손에 넣은 모습을 느끼고, 보고, 믿어야 한다. 목표를

이루려는 결심이 너무 확고해서 스스로 그것을 이루리

라는 것을 의심할 수 없을 정도가 돼야 한다. 핵심은 반

복이다.

월터 도일 스테이플스 박사는 그의 책 《승자처럼 생각하라!

(Think Like a Winner!)》에서 다음의 10단계를 중요한 목표 설정

원리로 꼽는다.

1단계. 나에게 중요하면서도 적잖이 도전이 되는 목표를 정하

되 어떤 식으로든 평가될 수 있고 측량될 수 있는 목표로

정한다.

2단계. 이 목표를 성취하고 싶은 정확한 날짜를 고른다.

3단계. 이 목표를 성취할 다양한 방법을 모색한다.

4단계. 구체적인 행동 계획을 정하되 목표 성취에 필요한 지식을 얻고, 능력을 계발하고, 인맥을 넓히는 계획이어야 한다. 아직 어떤 행동을 취해야 할지 확신이 들지 않는다면 가능한 만큼만 정한다.

5단계. 목표에 도달하기 위해 극복해야 할 법한 걸림돌들을 목록으로 만든다.

6단계. 목표에 도달하는 순간 얻을 수 있는 주요 이점들을 목록으로 만든다.

7단계. 지금까지의 여섯 가지 원리를 적용한 나만의 종합 계획을 작성한다.

8단계. 목표를 성취하는 그날까지 날마다 아침에 한 번, 밤에 한 번 이 종합 계획을 큰 소리로 읽는다.

9단계. 종합 계획을 읽을 때마다 이미 목표를 성취한 자신을 본다. 내가 다 이뤘음을 진심으로 믿을 수 있어야 한다. 목표를 이룬 나는 어떤 기분이겠는가? 어떤 모습이겠는가?

10단계. 준비가 됐든 안 됐든 계획을 무조건 실행에 옮긴다. 준비가 안 된 듯해도 걱정할 필요 없다. 곧 될 테니까!

이 과제들을 수행하다 보면 누가 물었을 때 곧바로 자신의 목표와 행동 계획을 술술 외울 수 있을 정도가 될 것이다. 아침에 잠에서 깰 때마다 목표가 혀끝에서 뱅뱅 돌게 하자. 자신이 원하는 것을 정하고 목표를 세워 거기에 집중하는 것은 의식적으로 노력해야 하는 일이다.

일단 원하는 것을 정했으면 원하지 않는 것을 생각하느라 시간을 낭비하지 말자. 원하지 않는 결과, 즉 실패에 대해서는 생각하지 말라는 얘기다. 오로지 성취하고 싶은, 얻고 싶은 결과에만 정확히 초점을 맞춰야 한다. 의식이 계속 실패로 흘러드는 한 원하는 것을 결코 얻을 수 없다.

반면 의식이 성공에만 집중되면 우리는 이미 원하는 것을 얻기 시작한다. 열망에 지독히 사로잡힌 나머지 목표를 성취하는 자기 모습이 저절로 완벽하게 눈에 보여야 한다. 목표를 이미 이룬 자기 모습이 보여야 한다. 성취하는 기분이 어떻겠는가? 자나 깨나 그 기분으로 살아 보자. 의식을 성공에 집중하면 당신을 앞으로 밀어 줄 프로펠러를 다는 셈이다.

당신에게 확신을 주는
성공 노트 2

- 열망과 믿음은 언제나 그리고 누구에게나 열려 있다. 누구에게나 무한한 힘을 제공하고 무엇이든 가능하게 해 준다.

- 스스로에게 이렇게 물어 보자.
'나는 내가 하고 있는 일에 자주 황홀함을 느끼는가?'
'나는 실력을 향상시켜 나 자신을 계속 놀라게 하는가?'

- 일단 원하는 것을 정했으면 원하지 않는 것을 생각하느라 시간 낭비하지 말자. 오로지 성취하고 싶은, 얻고 싶은 결과에만 정확히 초점을 맞춰야 한다.

- 스스로 열망을 부채질하면 할수록 우리는 거기에 더욱 완벽하게 사로잡히고, 집요해지고, 약동하게 되고, 불타오른다.

· 세 번째 비밀 ·

당신의
상상은
현실이 된다

시각화

삶의 향상은 항상 마음속 그림의 향상에서 시작된다.
마음속 그림이 유도 장치가 돼
그 그림을 실현하는 방향으로 우리의 행동을 이끌기 때문이다.

—

브라이언 트레이시

마음에서 틔운 싹이
현실에서 열매를 맺는다

세계적인 성취자들은 '꿈을 눈으로 보는' 훈련을 한다. 자신의
성취를 외부에서 사람들이 목격하기 훨씬 전에 자기 내부에서 먼
저 목격하는 것이다. 꿈을 시각화한 사례 중에서 내가 최고로 꼽
는 이야기는 월트 디즈니의 배우자 릴리안 디즈니의 이야기다.

1966년에 월트 디즈니가 세상을 떠나고 1982년에 디즈니 월드
의 두 번째 테마파크인 엡콧을 세상에 처음으로 선보였을 무렵,
한 기자가 릴리안에게 찾아와 '월트도 이 굉장한 결과물을 살아서
봤으면 얼마나 좋았겠냐'고 말했다. 그러자 릴리안이 기자를 보

며 답했다.

"아, 월트도 봤어요. 그것도 우리보다 훨씬 전에요."

우리는 마음의 눈으로 보는 것을 실제로 얻는다. 월트 디즈니가 엡콧이 지어지기 훨씬 전에 누구보다 먼저 봤던 것처럼 말이다.

꿈을 마음의 눈으로 보는 핵심 요소는 시각화 훈련인데, 시각화의 위력을 증명하는 유명한 사례는 셀 수 없이 많다. 그중에서도 전설의 골퍼 잭 니클라우스는 경기를 시작하기 전에 항상 머릿속으로 경기 과정을 완성했던 것으로 유명하다.

"나는 연습할 때조차도 머릿속으로 정확하고 명확하게 그리기 전에는 절대로 샷을 날리지 않아요. 먼저 공이 내가 바라는 곳에 굴러가 있는 걸 보죠. 하얗고 근사한 것이 연초록 잔디 위에 오똑 서 있는 거예요. 그런 다음 장면이 휙 바뀌어서 공이 그리로 가는 과정을 봐요. 경로, 날아가는 곡선과 형태, 착지하는 모양까지. 그리고 일종의 페이드아웃이 일어났다가 내가 그 이미지를 현실로 바꿔 줄 정확한 샷을 날리는 장면을 보죠."

잭 니클라우스 말고도 시각화의 위력을 증명하는 사례가 하나

더 있다. 바로 할리우드 배우 짐 캐리다. 1987년의 어느 날 밤, 희극 배우로서 단역을 전전하던 25세의 짐 캐리는 낡은 도요타를 몰고 할리우드 힐의 멀홀랜드 드라이브로 갔다. 그곳에서 로스앤젤레스 시내를 굽어보던 그는 자신의 미래를 마음속에 그리면서 1,000만 달러(당시 한화 약 82억 원)짜리 수표를 썼다. 1995년 추수 감사절로 수령일을 명시하고 명목까지 분명히 기입했다.

'출연료.'

그 후 짐 캐리는 수표를 지갑에 넣고 다니며 수시로, 특히 일이 생각대로 잘 안될 때마다 꺼내 봤다.

유명한 일화다. 그런데 이 일화가 유명해진 이유는 짐 캐리의 뻔뻔했던 낙관주의가 결과적으로는 소박해도 너무 소박한 수준이 돼 버렸기 때문이다. 짐 캐리는 1995년 무렵이 되자 실제로 난리 법석을 떨며 배꼽 빠지게 하는 바보스러운 캐릭터로 〈에이스 벤츄라〉, 〈마스크〉, 〈덤 앤 더머〉를 연이어 성공시켰다. 전 세계적으로 5억 5,000만 달러(당시 한화 약 4,200억 원)를 벌어들였으며, 새롭게 떠오른 슈퍼스타로 영화 한 편당 최고 2,000만 달러까지 몸값을 받게 됐다.

브라이언 트레이시는 상응의 법칙을 통해 "안에 있는 것이 밖으로도 나온다"라고 말한다. 우리의 바깥 세계는 우리의 내면세계를 거울처럼 반영한다는 뜻이다. 다른 말로 하면 우리가 우리 주위에서 보는 것들은 오랫동안 우리 마음속에서 봤던 것들과 일치한다는 얘기다. 그런가 하면 그는 집중의 법칙을 통해 "우리가 골똘히 생각하는 모든 것은 우리 현실 속에서 자라난다"라고도 말한다.

이 두 법칙을 조합해 보면 성공의 비결과 실패의 원인이 얼추 풀릴 것이다. 성공하는 사람들은 자기가 되고 싶은 사람과 자기가 살고 싶은 삶의 이미지를 항상 생각하는 사람들이다.

상상은 곧 일어날 일의
미리 보기다

무의식은 놀라우리만치 힘이 세지만, 그래도 하인이지 주인은 아니다. 무의식이 하는 일은 우리의 생각, 느낌, 행동, 말, 감정의 면면을 우리가 주로 떠올리는 마음속 이미지와 일치하도록 조율하는 역할이다. 그 이미지를 실현하는 방향으로 우리의 모든 행동과 감각을 유도하는 것이다. 그래서 성공하는 사람들은 자기가 되고 싶은 사람의 이미지에 매달린다.

달 표면을 밟은 최초의 인물인 닐 암스트롱은 어릴 때부터 마음속에 그림을 그렸다. 그는 달에 갔다 온 역사적 우주 항해를 마치고 나서 "나는 꼬마 때부터 내가 항공 분야에서 중요한 일을 하는 모습을 꿈꿨습니다"라고 말했다. 그 꿈은 몇십 년이 지나도록 바뀌지 않았고, 결국 그가 인류 역사에 길이 남을 위대한 업적을 성취하도록 이끌었다.

재계의 거물 콘래드 힐튼의 경우도 그가 호텔 사업에 뛰어든 것은 어쩌다가, 그저 운이 좋아서가 아니었다. 그는 어릴 때부터 호텔을 경영하는 상상을 하며 놀았다. 어른이 돼 호텔 사업을 시작하고 나서는 다 쓰러져 가는 빈 건물을 사서 남들이 미처 보지 못했던 감춰진 아름다움을 복원했다. 그 건물들의 흉물스러운 현재 모습을 보지 않고, 새 단장이 끝난 후의 근사한 호텔 건물들을 봤던 것이다. 그렇게 그는 최고급 호텔들을 지었다. 미래의 가능성을 봄으로써 허물어져 가는 구조물을 자신에게, 직원들에게, 고객들에게 소중한 어떤 것으로 바꾼 것이다.

꿈을 이루려면 반드시 자기가 바라는 자아 이미지에 매달려야지, 바라지 않는 이미지를 생각해서는 안 된다. 그 자아 이미지에 따라 우리의 행동과 실천이 달라지기 때문이다. 새로운 자아 이미지를 일관되고 꾸준하게 품으면 행동과 실천이 저절로 바뀌어 더 나은 자신을 창조하는 데 도움이 된다.

상상 속에서는 결코 실패할 필요가 없다. 마음의 눈으로 성공을 그리면 성공하는 습관이 든다. 현실에서 실수했을 때도 마음속으로 임무를 완벽하게 수행하는 모습을 상상하자. 머지않아 무의식이 마음속 훈련을 현실로 바꿔 줄 것이다.

우리가 상상하는 모든 것은 곧 일어나게 될 일의 미리 보기다. 변화를 일으키고 싶다면 자신의 무의식에 새로운 이미지를 제공해야 한다. 그렇지 않으면 무의식이 자동으로 과거의 프로그래밍을 참조하게 되고, 공연히 목표 성취만 더뎌질 것이다.

원하는 미래를 매일 눈앞에 그릴 것

시각화는 마음의 눈으로 관념적인 그림을 그리는 작업이다. 물리적으로 사물을 볼 때 시신경이 작동하듯이 꿈을 시각화할 때도 똑같이 시신경이 작동한다. 상상하는 것을 물리적으로 보고 있기라도 한 양 활발하게 말이다. 무의식은 상상을 실제 일어나고 있는 일이라고 철석같이 믿는 것이다. 그러니까 반드시 경험하고 싶은 일을, 이루고 싶은 목표를, 살고 싶은 삶을 시각화해야 한다.

시각화하는 방법은 사람마다 다르다. 어떤 이들은 바라는 바를 말로만 표현한다. 시각화할 때 누구나 문자 그대로 그림을 볼 수 있는 것은 아니기 때문에 자신에게 적합한 방법을 쓰면 된다.

그저 목표를 명확하게 정의하고 종이에 적은 다음 밤낮으로 생각하고 또 생각해 보자. 자신이 이미 그것을 성취했다고 상상해 보는 것이다. 가능한 생생하게 떠올리는 것이 중요하다. 그러기 위해서는 성취하는 순간 느껴질 느낌과 감정까지 세밀하게 포착해야 한다. 무의식은 현실과 상상을, 진실과 거짓을 구별할 줄 모르기 때문에 아주 명확한 이미지로 지시를 내려야 한다. 물론 어떤 지시를 내릴지는 전적으로 각자에게 달렸다. 목표를 설정할 때는 바라는 바를 자신에게 자세하고 정확한 지침으로 전달해야 한다. 그런 다음에는 한 걸음 뒤로 나앉을 필요가 있다. 적극적으로 관여하되 무의식이 제 역할을 수행할 수 있도록 기회를 줘야 하기 때문이다.

최대한 많은 감각을 동원하자. 목표를 성취하는 순간에 보게 될, 맡게 될, 맛보게 될, 느끼게 될, 듣게 될 모든 감각을 동원해야 한다. 그야말로 목표를 살아 내는 것이다. 감각을 더 많이 동원할수록 무의식은 목표를 현실로 만들기 위해 더 열심히 일한다. 시각화는 성공에 이르는 가속 페달이다. 그것도 엄청나게 빠른.

갖고 싶지만 아직은 갖지 못한 것을 시각화할 때 우리의 무의식과 의식 사이에는 갈등이 생긴다. 이때 무의식은 이 갈등을 소거하기 위해 우리의 환상을 현실로 바꾸려고 부단히 애를 쓴다. 따라서 마음속에 생생하고 역동적인 그림을 그리면 정신의 창조성이 자극을 받아 목표 성취에 도움되는 다양한 자원들을 찾아낼 것이다. 시각화하지 않았다면 모르고 지나쳤을 자원들 말이다. 시각화를 꾸준히 훈련하면 목표 성취에 필요한 인적, 물적 자원이 자신에게 저절로 끌려올 것이다.

우리의 유일한 한계는 우리 스스로 마음속에 정한 한계뿐이다. 그런데 이 마음속 한계는 상상력을 얼마나 활용하느냐에 반비례한다. 상상력을 적게 쓸수록 한계선이 높아진다는 뜻이다. 우리 중에는 몇십 년까지는 아니어도 최소한 몇 년 동안 상상력을 전혀 써 본 적 없는 사람도 수두룩하다.

상상력은 죽지 않는다. 약해질 뿐이다. 하지만 이 능력은 복구하기도 쉽다. 그러니 당장 상상력을 가동해 보자. 열망을 현실로 변환할 계획을 세워야 한다. 아이디어는 모든 성취의 기본 재료고, 상상은 우리가 바라는 모든 것을 성취하는 데 없어서는 안 될 바로 그 아이디어를 내는 데 선수다.

우리가 마음의 눈으로 뭔가를 분명하게 볼 때는 곧바로 무의식이 주도권을 차지한다. 이편이 의식적인 노력이나 의지력만 부리는 편보다 목표를 성취하는 데는 훨씬 유리하다. 마음의 눈으로 볼 때도 우리 몸에서는 실제 눈으로 볼 때와 정확히 똑같은 호르몬과 신경 전달 물질이 쓰이고 방출된다.

시각화에는 많은 시간을 들일 필요가 없다. 하루에 단 10~15분이면 꿈을 현실로 바꾸기에 충분하고도 남는다. 탁월한 연설가인 아짐 자말은 이른바 '힘의 한 시간'이라는 방법을 추천한다. 20분은 시각화와 명상을, 다음 20분은 운동을, 또 다음 20분은 영감을 주는 책들을 읽는 방법이다. 매일 '힘의 한 시간'을 실천하는 사람은 그야말로 삶이 로켓처럼 비상하지 않겠는가?

단 한 번의 상상이
수십 번의 연습보다 강하다

올림픽 10종 경기 금메달리스트인 케이틀린 제너는 성공에 시각화를 어떻게 이용해야 하는지 보여 주는 최고의 사례다. 제너는 금메달을 따기 전 2년 동안 그토록 열망하던 금메달을 따는 장면을 매일같이 상상했다. 그러는 동안 그의 뇌에서는 경기와 우승의 관계가 탄탄하게 연결됐고, 그의 근육은 머릿속으로 뛸 때나 실제로 뛸 때나 항상 정확히 똑같은 방식으로 움직였다. 그는 2년 동안 금메달을 목에 거는 상상을 했고, 결국 금메달을 목에 걸었다.

시각화 훈련으로 덕을 본 또 다른 운동선수는 프로 골퍼 코리 패빈이다. 패빈은 특정 시합에 나가 특정 홀에서 치는 모든 골프공을 시각화했다. 앞서 말했듯이 시각화는 구체적일수록 효과가 좋다. 그는 마음속으로 날리는 모든 샷을 의식적으로 통제하려고 노력했고, 매일 마음의 눈으로 1,000개의 공을 쳤다. 패빈은 단순히 샷을 날리고 또 날리고, 공을 치고 또 치고, 하루 또 하루 반복하는 것만으로는 골프 세계에서 위대한 경지에 오를 수 없다는 것을 알고 있었다. 그래서 실제로 공을 치기 전에 공이 자기 골프채에 맞고 정확히 어디에 떨어지면 좋을지 마음속으로 그렸던 것이다.

임무 수행에서 시각화가 차지하는 중요성과 영향력은 이미 과학적으로도 입증됐다. 한 연구에서 피실험자를 두 집단으로 나눴다. 한 집단에게는 농구공을 골대에 완벽하게 집어넣는 상상을 하게 하고, 또 한 집단에게는 공을 골대에 완벽하게 집어넣는 상상을 하게 한 다음 실제로 슛 연습을 하게 했다. 그 뒤 두 집단 모두에게 실제로 공을 던지게 했는데, 당연히 시각화하고 나서 실제로 슛을 날려 본 집단이 더 나은 결과를 기록했다.

하지만 재밌는 것은 상상만 했던 집단과 상상한 후 실제 던져 본 집단의 성공률의 차이가 채 0.6퍼센트도 나지 않았다는 사실이다. 이들은 바라는 바를 마음속에 그리기만 했을 뿐인데도 실제로 연습까지 한 집단과 거의 맞먹는 결과를 냈다. 그러니 "오직 연습이 완벽을 만든다"라는 말은 사실이 아니다. 그 연습이 시각적 연습이 아닌 다음에는 말이다. 달리 말하면 몸으로 하는 연습만으로는 목표를 성취하는 최고의 방법이 될 수 없다는 뜻이다. 따라서 분야를 막론하고 뭔가 새로운 시도를 해야 한다면 먼저 그 일을 완벽하게 마무리하는 자신의 모습을 시각화해 보자. 성취도가 로켓처럼 비상할 것이다.

올림픽 다이빙 영웅 그레그 루가니스는 다이빙을 할 때마다 물에 뛰어들기 직전에 마음속으로 40번씩 연습을 했다고 한다.

세계적으로 존경받는 부흥사 빌리 그레이엄도 명성을 우연히 얻게 된 것이 아니었다. 그는 무명 전도사 시절, 신도들 앞에서 설교하기 전에 플로리다 늪지의 밑동만 남은 사이프러스 나무들 앞에서 설교하면서 수많은 신도가 열렬히 듣고 있다고 상상했다. 그 덕에 나무 밑동 청중이 수백 만의 청중으로 바뀌는 데는 그리 오랜 시간이 걸리지 않았다.

대단한 성공을 거둔 이 사람들이 하나같이 시각화를 일상적으로 훈련했는데, 이것이 과연 우연일까? 답은 여러분 각자의 몫으로 남기겠다.

과거의 성공을 끊임없이 떠올리자

시각화 작업을 매우 효과적으로 훈련하는 방법은 과거의 성공 경험을 떠올리며 마음의 눈으로 그 일을 재연하는 것이다. 누구든 목표하던 일을 성취하고 만족과 보람을 느껴 본 경험이 있다. 그때의 느낌들을 기억해 내면 그 느낌들이 지금 여기, 현재에 되살아난다. 자신감은 과거에 성공했던 기억을 토대로 한다. 따라서 그런 경험들을 많이 떠올릴수록 새로운 목표를 성취하는 데 더 많은 자신감이 붙는다.

과거에 성취하면서 느꼈던 감정을 지금 성취하고 있는 일에 대입해 보자. 그럼 무의식은 과거에 성공한 것과 꼭 같은 일이 지금도 일어나고 있다고 믿을 것이다. 이미지가 더 많이 떠오르고 재생될수록 효과도 더욱 강력해진다.

우리는 가끔 목표를 세우고도 어떻게 이뤄 나가야 할지 방법을 모를 때가 있다. 이럴 때는 무의식을 믿어야 한다. 무의식이 우리가 문제나 과제의 해결책을 떠올리도록 도와줄 것이다. 특히 샤워할 때나 잠잘 때같이 아주 생뚱하고 예기치 못한 시간과 장소에서 해결책을 던져 주는 경우가 많다.

해결책이 던져졌을 때는 그에 대해 반드시 적극적이고 의식적으로 반응해야 한다. 무의식이 찾아낸 해결책은 곧바로 단기 기억 속에 저장되는데, 단기 기억 속에 생각이 잔류하는 평균 시간은 37초다. 그다음에는 발화를 멈춘다.

누구나 이런 경험을 해 본 적이 있을 것이다.

"이야, 이 아이디어 정말 멋진데! 이런 건 내가 까먹을 리가 없지."

그러곤 잠시 넋을 놓았다가 다음 순간 정신을 차려 보면 까먹기 마련이다. 증발한 생각은 아무리 머리를 쥐어짜 봐도 되찾을 길이 없다. 일단 날아간 생각은 날아간 생각이다.

하지만 다행히도 우리에게는 아이디어나 생각을 붙들어다가 장기 기억 속에 집어넣을 방법이 있다.

순간의 아이디어를 붙들어 놓는 법

• 반복

기억하고 싶은 아이디어를 반복해서 떠올리면 생각들 간에 연결 고리가 생기고, 뇌가 그 아이디어에 부여하는 중요도도 높아진다.《영혼을 위한 닭고기 수프(Chicken Soup for the Soul)》시리즈의 공저자인 잭 캔필드가 말했듯이 반복이야말로 진정한 학습의 열쇠다.

• 연상

그 아이디어를 다른 생각과 연결한다. 그렇게 하면 두 가지 생각 모두 뇌에 저장된다.

• 트라우마

정신적으로 충격을 받거나 대단히 중요하게 여긴 경험은 저절로 장기 기억에 남는다. 일례로 미국인이라면 거의 모든 사람이 테러리스트가 미국을 공격했던 9월 11일에 자기가 어디에 있었는지 기억한다.

• 이 밖에

이뿐만 아니라 '적어 놓기'라는 제일 간단한 방법을 쓸 수도 있다. 그도 아니면 녹음해 둘 수도 있다.

이런 단순한 방법들만으로도 좋은 아이디어를 놓치고서 땅을
치고 후회하는 불상사를 막을 수 있다.

자기 생각을 관리하는 사람은 자기 행동을 관리할 수 있고, 궁
극적으로 자기 삶을 관리할 수 있다.

당신에게 확신을 주는
성공 노트 3

• 창조하고 싶은 것을 마음속에 그리고, 그 그림으로 들어가자. 그림의 주인공이 돼 주위를 보고, 듣고, 느껴 보자.

• 감각을 더 많이 동원할수록 무의식은 목표를 현실로 만들기 위해 더 열심히 일한다. 시각화는 성공에 이르는 가속 페달이다. 그것도 엄청나게 빠른.

• 새로운 시도를 해야 한다면 먼저 그 일을 완벽하게 마무리하는 자신의 모습을 시각화해 보자. 성취도가 로켓처럼 비상할 것이다.

· 네 번째 비밀 ·

마음속 꿈은
말하는 순간
이뤄진다

자기 대화

오늘 당신은 당신의 생각들이 데려다준 곳에 있고,
내일 당신은 당신의 생각들이 데려다줄 곳에 있을 것이다.

—

제임스 알렌

내면의 무의식에게
말을 걸어 보자

목표를 설정하고 성취하는 중요한 열쇠 또 하나는 긍정적인 자기 대화 훈련이다. 우리는 무의식에 계속해서 주입하는 것을 궁극적으로 얻는다. 원하지 않는 말과 이미지를 무의식에 자꾸 주입하면 원하지 않는 바로 그것을 얻게 되는 것이다. 물론 이 원리를 아주 간단하게 반전시킬 수도 있다. 원하는 이미지와 말을 무의식에 자꾸 주입하면 그 환상이 현실이 된다. 부정적인 말과 이미지를 지우고, 그 자리를 긍정적인 말과 이미지로 채우자. 어떻게 프로그래밍하느냐에 따라 자기 대화는 성공의 뿌리가 될 수도, 실패의 뿌리가 될 수도 있다.

혼잣말이라도 긍정적으로 해야 한다

긍정적인 생각은 새로운 현실을 창조한다. 물론 더 긍정적인 행동과 더 높은 성취에 어울리는 현실이다. 유명한 저자이자 연설가인 지그 지글러는 이 원리를 이렇게 표현했다.

"생각을 바꿔라. 그럼 세상이 달라진다."

누군가에게 어떤 일을 하게 하려면 그 사람의 감정을 움직여야 한다. 마음도 동하지 않는데 선뜻 행동에 나설 사람은 별로 없다. 이처럼 감정은 우리의 주된 동기 요인이다. 새로운 행동을 시작하기 위해서는 그 행동에 깔린 감정부터 바꾸고 조정해야 한다.

동기를 부여해 줄 사람이나 상황을 바깥에서 찾기보다 내면에서 찾으면 얼마나 더 쉽겠는가? 자신에게 적절한 언어로 이야기하는 법을 배우면 스스로 목표 성취에 필요한 동기를 그때그때 부여하는 법을 배울 수 있다. 최고의 자원은 바로 우리 내면에 있는 법이다.

내가 나 자신에게 하는 모든 형태의 말들, 또 다른 사람에게 나에 대해 하는 말들이 전부 자기 대화에 속한다. 적극적으로 소리 내서 말하건 자기도 모르게 속으로 중얼거리건 내가 하는 말은 모두 자동으로 무의식에 이미지를 보낸다. 가령 "난 지쳤어", "난 내 직업이 너무 싫어"라고 말하는 것은 내 기분에 아무 도움이 안 된다. 그렇다면 어떻게 말해야 할까? 나에게 도움이 되는, 내 삶의 질을 높여 주는 자기 대화 방식은 따로 있다.

긍정적인 자기 대화는 기존의 파괴적인 프로그래밍을 새로운 방식, 더욱 건설적인 방식으로 대체함으로써 이전의 파괴적인 방식을 중단시키는 작업이다. 수동적인 자세로 삶이 흘러가는 대로 내버려 두는 게 아니라 적극적인 자세로 관리하고 주도하는 작업이다. 자기 대화는 무의식에 구체적인 지시를 내리고 무엇을 위해 일할지 말해 준다.

그러므로 자신에게 쓰는 말과 타인에게 쓰는 말을 모두 적극적으로 통제해야 한다. 승자들은 자기 자신을 비난하거나 깔아뭉개는 일이 거의 없다. 승자들은 매일 긍정적인 자기 대화와 자기 피드백을 한다. 그렇게 하는 만큼 목표 성취에 더 가까워진다는 것을 알기 때문이다.

반면에 자신의 환경이나 처지를 끊임없이 불평만 하는 사람은 못마땅한 일들에만 계속 초점을 맞추게 된다. 그런 일들에 초점을 맞추면 계속 못마땅한 생각만 하기 때문에 결국 못마땅한 일들만 자기 삶으로 자꾸 끌어당긴다. 이런 자기 파괴적인 순환 고리를 바꾸려면 반대로 창조하고 싶은 삶에 관해 생각하고, 글을 쓰고, 이야기하는 데 초점을 맞춰야 한다. 의식을 자신이 바라는 삶으로 넘쳐흐르게 해야 한다.

로또 당첨자 중 80퍼센트가 5년 안에 파산한다. 왜 그럴까? 백만장자의 사고방식을 배워 본 적이 없어서다. 결국 예전에 살던 대로, 안전지대로 돌아가기 때문이다.

자기 대화의 4단계

《Self Talking》에서 섀드 헴스테터는 자기 대화를 다음의 4단계로 구분한다.

1단계. 부정적인 수용의 단계

1단계 자기 대화는 우리의 불안을, 심지어 가장 깊고 어두운 두려움까지 표출한다. 이 단계의 자기 대화에서는 자신에 관해 부정적인 말을 하고 그것을 받아들인다. 대표적 예가 "난 못 해"다. 부정적인 수용이 담긴 대화에는 의심과 두려움과 걱정이 가득하다. 이런 말들은 자신에게 소리 내서 하거나 속으로 하거나 다른 사람에게 할 수도 있다. 어떤 형태로 말하느냐는 중요하지 않다. 다른 누군가가 우리에게 말할 때도 우리 무의식은 그 말을 듣고 있다. 아무리 악의 없가 없다고 해도 결과는 마찬가지다. 그런 말들이 우리가 바라는 대로 살지 못하게 하는 모든 걸림돌의 중추다. 우리를 현재 위치, 즉 안전지대에 가둬 두는 족쇄인 것이다.

다음은 부정적인 자기 대화의 예다. 누구나 이런 말들을 해 본

적이 있을 것이다.

"난 사람들의 이름을 잘 기억하지 못해."

"난 창의적이지 못해."

"안될 게 뻔한데 하면 뭐 해!"

"난 되는 일이 없어."

"내가 하는 일이 다 그렇지."

예는 끝이 없다. 사람이 18세가 될 때까지 평균적으로 "안 돼, 넌 할 수 없어"라는 말을 몇 번이나 듣는지 아는가? 무려 16만 번이다. 그렇다면 "그래, 넌 할 수 있어"라는 말은 몇 번이나 듣겠는가? 고작 1만 번이다. 과연 이것이 우리의 뇌에, 무의식에, 믿음에 영향을 끼칠까? 당연하게도 어마어마하게 끼친다.

컴퓨터 키보드 앞에 앉아서 부정적인 명령어를 입력하고 있다고 상상해 보자. 우리가 컴퓨터를 완벽하게 통제하고 있고 컴퓨터는 우리가 하라는 대로 무조건 다 한다면 어떨까? 컴퓨터는 금세 작동을 멈춰 버릴 테고, 우리는 거기에 대고 아무런 생산적인 작업을 시키지 못할 것이다.

안타깝지만, 이것이 바로 우리가 스스로에게 부정적인 말을 할 때 벌어지는 일이다. 그러니 부정적인 말을 하면 일이 우리 뜻대로 돌아가지 않는 게 당연하다. 뇌를 부정적인 말과 이미지로 프로그래밍해 놓고서 성공하기를 바랄 수는 없다. 그것은 개에게 앉으라고 해 놓고서 눕기를 바라는 심보와 마찬가지다. 개와 뇌는 우리가 하라는 대로만 할 뿐이다.

불평은 1단계 자기 대화의 보편적인 성향이다. 자기가 어쩔 수 없는 일들에 대해서 끝없이 불평을 늘어놓는 사람들이 어찌나 많은지. 우리는 날씨를 어쩌지 못하는 것처럼 기업의 현재 주가도 어쩌지 못한다. 자신의 통제를 벗어난 일에 대해 불평하는 것은 아무 의미가 없을 뿐만 아니라 그날 자신의 신체적·정신적 기능과 컨디션에도 곧장 영향을 미친다.

2단계. 변화를 인식하고 필요로 하는 단계

이 단계에서 주로 하는 대화는 "난 ~할 필요가 있어", "난 ~해야 해"라는 말이다. 하지만 안타깝게도 이런 말들은 실제로는 우리에게 불리하게 작용한다. 비록 무의식이 풀어야 할 문제가 있음은 인식하지만 이런 대화로는 아무런 해결책을 만들어 내지 못하기 때문이다.

다음의 문장을 예로 들어 보자.

"살을 빼야 해."

우리가 이렇게 말할 때 진정한 의미는 따로 있다.

"나는 살을 빼야 해. 왜냐하면 난 건강하지 못하고 매력도 없으니까."

이처럼 스스로 의식하든 의식하지 못하든 항상 1단계 대화로 마무리된다.

2단계 자기 대화는 꿈이나 목적, 성취감을 자극하기는커녕 죄책감과 실망만 불러일으키고 자기가 지어낸 결점을 인정하게 만드는 결과를 빚는다.

3단계. 우리에게 이롭게 작용하기 시작하는 첫 번째 단계

이 단계에서는 변화의 필요를 인식할 뿐 아니라 그 변화를 위해 뭔가를 하기로 결심한다. 그 결심을 현재 시제로 말해서 변화가 이미 일어난 것처럼 표현한다.

"난 TV를 절대로 하루에 다섯 시간 이상 보지 않아."
"난 집 안을 절대로 지저분하게 두지 않아."

이 단계에서 우리는 자동적으로 무의식에게 더욱 건설적인 삶의 방향으로 나아가라고 주문한다. "할 수 없어"를 폐기하고 더욱 긍정적인 방식으로 대화한다.

무의식이 우리에게 이로운 방향으로 일하기 시작하는 것은 우

리가 그렇게 하라고 지시할 때부터다. 그때부터 무의식은 새로운 지침과 명령을 수행하기 위해 일하기 시작한다. 따라서 우리는 무의식에게 올바른 방식으로 지시하는 법만 배우면 된다.

4단계. 더 나은 자신을 위한 단계

이 단계는 우리가 사용할 수 있는 가장 효과적인 자기 대화다. 가장 적게 사용되지만 가장 필요한 단계기도 하다. 이 단계에서 우리는 자신이 되고 싶은 모습을 새로운 그림으로 완성해서 무의식에게 전달한다. 그리고 이렇게 말한다.

"이게 내가 되고 싶은 나야! 옛날에 줬던 프로그램은 잊어버려. 이게 새 프로그램이야. 자, 시작하자!"

4단계에서는 문제와 기회를 효과적이고 생산적인 방식으로 다룬다. 과거의 문제들이 역전돼 날마다 성공으로 이어지기 시작한다. "할 수 없어"를 "그래, 난 할 수 있어!"로 바꾼다. 4단계는 용기를 북돋고, 활력을 주고, 우리를 목표와 꿈을 향해 떠밀어 주는 자기 대화다. 모든 부정적인 자기 대화를 정반대로 뒤집으면 4단계의 긍정적인 자기 대화가 된다.

4단계 자기 대화를 모두 숙지했으면, 당장 1단계와 2단계를 그만두고 3단계와 4단계를 사용하자. 1단계 자기 대화를 뒤집어 더욱 효과적인 4단계 자기 대화로 전환하자.

제삼자의 눈으로
관찰해 보기

당신이 주로 하는 자기 대화는 긍정적인가, 부정적인가? 말할 때 자신에게 하건 남들에게 하건 자신이 하는 말을 가만히 들어보길 바란다. 이제껏 주의 깊게 들어 본 적이 없는 사람에게는 대단히 흥미로운 경험이 될 것이다. 어쩌면 자신이 하는 말에 깜짝 놀랄 수도 있다. 그러나 스스로 무슨 말을 하는지 깨달아야 그 말을 더욱 긍정적인 대화로, 자신에게 이로운 대화로 바꿀 수 있다.

대다수의 사람은 자신의 생각을 통제하려 들지 않는다. 아무 초점도 의도도 없는 생각들이 이리저리 떠다니게 놔둔다. 이들의 생각은 과거의 프로그래밍과 믿음과 인식의 메아리다. 이들의 삶은 이런 무신경함의 반영이다.

헨리 포드는 이 사실을 간파하고서 이렇게 말했다.

"생각한다는 것은 가장 어려운 일이다. 생각하는 사람이 거의 없는 것은 그래서일 것이다."

생각하는 훈련을 시작하자. 자신의 생각을 관찰하자. 자신이 무슨 생각을 하고 있는지 의식하자. 자신이 생각하는 경향을 꿰뚫자. 자신의 생각 패턴을 주시하자. 당신은 스스로에게 무슨 말을 하고 있는가?

우리는 뇌에게 원한다고 계속해서 말했던 것들을 이미 갖고 있다. 그러므로 우리 스스로 생각을 관리하는 것이 무엇보다 중요하다. 생각을 더 나은 방향으로 바꿀 필요가 있다.

스스로 자신에게 하는 말을 잘 들어 보자. 해로운 말이라면 반대로 뒤집어야 한다. 그리고 자신을 이롭게 하는 자기 대화를 시작해야 한다. 1, 2단계 자기 대화에 익숙한 사람은 그 위 단계들을 시작하기가 불편하고 어려울 수도 있다. 그게 정상이다. 부정적인 대화를 대체할 뭔가가 있지 않으면 우리의 무의식은 저절로 부정적인 대화로 돌아가고 만다. 그러니 긍정적인 자기 대화를 매일 훈련하자. 곧 제2의 천성이 될 것이다.

우리는 원한다면 언제든 부정적인 이미지를 버리고 긍정적인 이미지를 창조할 수 있다. 간단히 자기 대화에서부터 시작하면 된다. 1단계 자기 대화를 뿌리 뽑는 날이 우리의 가장 지독한 숙적을 물리치는 날이 될 것이다.

생각을 통제하자. 말 그대로 인생이 바뀐다. 생각을 통제하면 행동이 통제된다. 그렇다고 낡은 생각을 바꾸느라 소중한 시간을 허비할 필요는 없다. 그냥 새로운 생각을 시작하기만 하면 된다.

긍정적인 생각을 반복하면 생각의 저항이 최소한으로 줄어든다. 여러 차례 되풀이된 생각일수록 다시 떠올리기도 더 쉽다. 그러니 반드시 긍정적인 생각, 목표 성취에 보탬이 되는 생각을 반복해야 한다. 당장 그 생각을 믿지 못한다 해도 무조건 반복하자. 곧 믿게 될 테니 말이다.

생각은 실질적인 것이다. 뇌세포를 연결하기 때문이다. 하지만 이 연결은 고정된 것이 아니어서 얼마든지 바꿀 수 있다. 며칠만 사용하지 않아도 연결이 약해지기 시작한다. 줄곧 실패만 생각해 왔더라도 더 이상 생각하지 않으면 그 연결은 곧 힘을 잃는다. 힘을 잃고 유연성도 잃어서 다시 생각날 가능성이 줄어든다. 거기에 긍정적인 생각을 주입하기 시작하면 그 새로운 생각이 이전의 부정적인 생각을 확실하게 몰아낼 것이다.

새롭고 긍정적인 생각의 효과를 극대화하는 간단한 방법은 긍정적인 생각을 매번 다른 식으로 변주하는 것이다. 이를테면 "난 언제나 내가 좋아"라고 되풀이하기보다는 "난 오늘도 내일도 내가 좋아", "난 내가 자랑스러워", "내가 나여서 기뻐"라는 식으로 다양하게 표현하는 것이다. 억양도 달리하면 더 좋다. 어떤 때는 첫 단어를 강조했다가 어떤 때는 마지막 단어를 강조했다가 하는 식이다. 단순해 보일지도 모르지만 가장 단순한 것이 가장 효과적일 때가 많다.

이렇게 긍정적인 생각을 할 때는 감정까지 끌어올려야 한다. 정말로 에너지와 열정을 담아서 생각해 보자. 많이 했던 생각 중에 감정까지 연결됐던 생각이 나중에 필요할 때 제일 의지가 된다. 결정을 내릴 때, 문제를 해결할 때, 행동을 선택할 때 그런 생각들을 제일 먼저 끌어다 쓰는 것이다. 따라서 자신이 무의식적으로 의지하는 생각이 목표 성취를 거드는 생각이 되도록 평소에 부지런히 훈련해 둬야 한다.

또 주위 사람들의 자기 대화도 유심히 들어야 한다. 그들이 자기 자신에 대해, 남들에 대해, 자신의 처지에 대해 뭐라고 하는지 들어 볼 필요가 있다. 다른 사람들의 부정적인 자기 대화가 그들 자신은 물론 주위 사람들에게도 어떤 영향을 미치는지 관찰하다 보면 자기 대화가 우리 삶을 어떻게 지배하는지 쉽고도 효과적으로 이해할 수 있다. 그 사람의 삶을 지배하고 있는 게 누구인지 살펴보자. 누가 또는 무엇이 그를 지배하는가? 배우자인가, 자아 이미지인가? 우리는 다른 사람이 하는 말을 통제할 수는 없지만 그의 말이 그에게 어떤 영향을 미치는지, 좋은 영향인지 나쁜 영향인지는 알아볼 수 있다.

우리는 어떤 상황이든 보고 싶은 대로 볼 자유가 있다. 삶의 일부분을 불만스럽게 본다 해도 전혀 문제될 게 없다. 하지만 불만스러운 상황에 대해 끝없이 불평만 늘어놓는 것은 그 상황에 아무런 보탬이 되지 않는다. 이런 불평의 덫에 걸린 사람은 잠시 숨 고르기를 하고 자신의 자기 대화를 관찰하는 시간을 갖자. 그리고 어떻게 더욱 긍정적이고 건설적인 방식으로 자신과 타인에게 말을 할 수 있을지 고민해 봐야 한다. 다음에 제시하는 '긍정적인 자기 대화의 예'를 본보기 삼아 자기 대화를, 궁극적으로 삶을 개선하는 훈련을 해 보길 바란다.

삶을 바꾸는 긍정적인 자기 대화의 예

제임스 알렌은 이렇게 말했다.

"오늘 당신은 당신의 생각들이 데려다준 곳에 있고, 내일 당신은 당신의 생각들이 데려다줄 곳에 있을 것이다."

자, 당신의 생각은 당신을 어디로 데려가고 있는가? 다음의 긍정의 나를 만드는 주문을 매일 되뇌어 보자.

- 오늘도 내일도 나는 긍정적으로 생각해.
- 오늘도 내일도 나는 나를 믿어. 내가 위대한 일을 해낼 수 있다는 걸 믿어!
- 오늘 나는 내 행동과 내 처지가 전적으로 내 책임이라는 것

을 받아들여. 그것들은 바로 내가 해 온 생각들이 빚어낸 결과니까.

- 오늘도 내일도 나는 시간을 효율적으로 관리해. 매순간을 충실하게 활용하지.
- 오늘도 내일도 나는 내 몸과 정신과 영혼의 건강을 소중히 여겨. 나 자신을 항상 잘 보살펴.
- 오늘도 내일도 나는 굉장히 창조적이야. 삶의 놀라운 가능성들을 빠짐없이 알아보지.
- 나는 할 일을 항상 완벽하고도 훌륭하게 마무리해.
- 매일매일 나는 모든 면에서 점점 더 좋아지고 있어.
- 나는 내 건강을 지키고 건강해 보이는 게 즐거워.
- 나는 지금 그 어느 때보다도 에너지와 정력이 넘쳐.
- 나는 항상 나와 내 미래에 가장 좋은 것을 해.
- 나는 내가 정한 목표는 무엇이든 이뤄 낼 수 있어.
- 나는 규칙적으로 운동하는 게 좋아.
- 사람들은 내 옆에 있는 것을 좋아해. 나는 자신감과 자존감이 높으니까.
- 나는 항상 긍정적인 생각과 말만 해.
- 나는 있는 그대로의 나를 인정해.
- 나는 긍정적이고, 자신 있고, 좋은 기운을 발산해.
- 나는 웃음이 많아. 내면도 외면도 행복하니까.

- 나는 체계적이고 내 삶을 잘 관리해.
- 내 목표 설정과 성취는 내 소관이야. 내 뜻대로 할 수 있어.
- 나에게는 목돈이 쉽고도 빨리 들어와.
- 나는 내가 하고 싶은 일을 다 해도 남을 만큼의 돈이 있어.
- 돈은 예기치 못한 다양한 방식으로 내게 들어와.
- 나는 내 돈과 시간으로 뭘 할지 분명하게 선택해.
- 내가 일을 하든 놀든 잠을 자든 내 수입은 나날이 불어나.
- 내가 하는 투자는 전부 수익성이 좋아.
- 나는 내가 할 수 있다고 믿는 일은 무엇이든 다 할 수 있는데, 나는 내가 무슨 일이든 다 할 수 있다고 믿어!

　반복만 하면 무슨 생각이든 무의식에 새겨 넣을 수 있다. 특히 감각과 감정이 연루된 생각은 확언하는 힘이 그만큼 더 강하다. 긍정적인 자기 대화는 반드시 현재 시제로 말해야 한다. 무의식은 모든 그림을 현실로 받아들이기 때문이다. 가령 누가 "우유를 쏟으면 안 돼"라고 말하면 무의식은 그가 우유를 쏟는 모습만 본다. 무의식은 오직 현재 상태와만 관련을 맺을 수 있기 때문에 원하는 일을 이미 일어난 듯이, 이미 성취한 듯이 말해야 한다.
　이런 단순한 작업만으로도 무의식은 대단히 강력한 메시지를 전달받는다. 현재 시제로 확언함으로써 우리는 성취된 임무의 완성된 그림을 무의식에 보내고 있는 것이다. 뇌의 통제 센터에 이렇게 지시를 내리는 것과 같다.

"이게 바로 네가 창조해 줬으면 하는 내 모습이야. 나는 이렇게 되고 싶어."

그림이 구체적이고 완벽할수록 무의식이 전달받는 지시도 더 구체적이다. 마음의 눈으로 목표를 성취하는 자신의 모습을 반복해서 볼 때 우리는 의식적으로도 정말 목표를 성취할 수 있음을 믿기 시작한다.

비관주의자는 말한다.

"눈으로 보면 믿게 될 거야."

낙관주의자는 말한다.

"믿으면 눈으로 보게 될 거야."

이렇게 강력한 주문이 또 있나! 하지만 낙관주의자라고 해서 항상 긍정적으로만 생각하는 것은 아니다. 생리학적으로 불가능하다. 다만 낙관주의자는 부정적인 생각이 일어나는 순간 그것이 채 완성되기 전에 끼어들어 가로막고 중단시킨다. 그들은 부정적인 생각을 긍정적인 생각으로 대체한다. 다시 말해서 우리는 어떻게 생각하느냐가 아니라 '무엇을 생각하느냐만' 바꾸면 되는 것이다.

소리 내어 말하면 이뤄진다

긍정적인 자기 대화는 소리 없이 해도 되고 소리 내서 해도 된다. 하지만 입 밖으로 소리 내서 하면 다소 바보 같은 기분이 들 수는 있어도 효과가 훨씬 크고 약효도 월등히 빠르다. 소리 내서 말해야 감각이 더 많이 동원되기 때문이다. 우리의 더 많은 부분이 연결되고, 더 많은 부분이 주문을 실현하려고 팔을 걷어붙인다. 소리 내서 말할 때 우리는 생각을 언어로 변환한다. 이때 생각이 더 명료하고 자세해진다. 게다가 생각을 더 강력하게 통제할 수 있다는 것도 소리 내서 말할 때의 장점이다. 소리 내서 말하면서 거기다 감정까지 실으면 그 말에 담긴 생각의 힘이 극적으로 강화된다. 더 오래 지속되고 나중에 더 쉽게 떠오를 뿐 아니라 잘 지워지지도 않는다. 그래서 미래에 긍정적인 생각이 긴히 필요해졌을 때 다시 꺼내 쓰기가 쉽다.

특히 강력하고 효과 만점인 방법은 자기 대화를 거울 앞에서 연습하는 것이다. 자신에게 가장 도움이 될 만한 자기 대화 문장을 정해 놓고 그 문장을 네 번 반복해서 말하면 된다. 반복할 때마다 점점 더 큰 열정과 믿음이 실린다. 그 믿음이 억지스럽고 가짜라 해도 무의식은 그 차이를 알지 못하기 때문에 상관없다. 네 번씩 암송하기를 하루에 서너 차례 반복한다. 기왕이면 매번 다른 거울 앞에서 하면 더 좋다.

또 다른 방법은 샤워하면서 연습하는 것이다. 샤워나 목욕을 할 때는 대개 긴장이 이완되기 때문에 긍정적인 자기 대화를 연습하기에 최적의 조건이 된다. 욕실로 들어서면서 웃으면서 소리 내 인사해 보자.

"좋은 아침이야!"

그리고 얼마나 멋진 하루가 시작됐는지 말해 보라.

"나는 오늘도 멋진 하루를 보내는 중이야! 오늘도 만사가 술술 풀려!"
"난 오늘 기분도, 모습도 최고야! 세상도 나를 최고로 대접해!"
"난 내가 좋아. 다들 나를 저절로 좋아하게 돼 있어!"

이런 식으로 자기 대화를 하면 그저 그렇던 날들이 바로 에너지 넘치고 생산적인 날들로 변하기 시작한다. 정말이다. 선뜻 믿기지 않는다면 자신이 갖고 있는 기존의 습관들이 자신에게 유리하게 작용하는지 불리하게 작용하는지 자문해 보길 바란다. 당신은 실제로 긍정적인 습관을 얼마나 갖고 있는가? 하나쯤 더 있어야 겠다면 이 긍정적인 자기 대화야말로 제격이다. 내 말을 믿지 말고 직접 확인해 보면 좋겠다.

예를 들어 '나는 오늘 멋진 하루를 보내고 있다'고 스스로에게 말하는 지극히 단순한 행위는 나는 오늘 반드시 멋진 하루를 보내고야 말겠다고 스스로를 확신시키는 행위다. 그뿐만 아니라 긍정적인 말은 자동적이고 무의식적으로 뇌에 긍정적인 화학 반응을 일으킨다. 이 긍정적인 반응은 우리의 의식에 그리고 다시 우리의 기분에 긍정적인 영향을 미치고, 결국 남은 하루 동안 긍정적인 생각을 더 많이 하게 한다.

그런가 하면 부정적인 사건 하나가, 특히 이른 아침에 일어난 안 좋은 사건 하나가 그날 하루 전체에 부정적인 연쇄 반응을 일으키기도 한다. 심지어 자기도 모르는 사이에 그럴 때도 있다. 그러나 하루 종일 안 좋은 사건들이 연쇄적으로 일어나는 것은 아침에 일어난 사건 자체에 원인이 있는 게 아니다. 문제는 사건에 대한 우리의 반응에서 시작된다. 사건에 대한 생각이 부정적인 감정 반응을 일으키고, 그것이 부정적인 생리학적 반응으로 이어지고, 그것이 다시 다른 안 좋은 생각을 일으키면서 끝도 없이 순환된다. 우리가 적극적으로 개입해서 고리를 끊기 전까지는 말이다.

소리 내어 말하기 말고도 긍정적인 자기 대화를 효과적으로 훈련하는 또 다른 방법은 자기 글쓰기다. 무의식에 전달하고 싶은 구체적인 메시지나 지시를 쓰면 된다. 이렇게 자기 대화를 글로 적음으로써 우리는 바라는 일을 더욱 분명하게 의식할 수 있다. 그 일에 흥미를 더 갖게 되고, 따라서 에너지도 더 생긴다. 에너지를 더 많이 쏟다 보면 그 일을 성사시킬 확률도 자연히 높아진다.

말투 하나만 바꿔도
인생 전체가 달라진다

삶의 질을 높이고 싶다면 살을 빼든 돈을 더 벌든 목표가 뭐든 간에 자기 자신에게서 그런 목표를 성취할 가치와 능력을 봐야 한다. 아직 보지 못하겠다면 지금 당장 자기 대화를 바꾸는 것부터 시작해 보자. 할 수 있다고 믿지도 못하면서 목표를 성취하려 들면 잘 되지도 않을뿐더러 된다고 해도 대단히 힘겨운 과정을 거쳐야 할 것이다. 반면 자신의 부정적인 그림을 긍정적인 그림으로 바꾸는 것에서 시작하면 무의식이 그 성취를 거들기 때문에 한결 쉬워질 것이다. 그야말로 기적 같은 원리다. 프로그래밍을 바꾸는 것에서 시작하자. 나머지는 저절로 따라올 것이다.

부정적인 대화가 쏙 빠지고 긍정적인 말과 이미지가 넘쳐흐르는 마음은 성장과 성취를 수확하기에 더없이 비옥한 땅이다. 긍정적인 에너지와 노력을 많이 투입할수록 그 노력이 결실을 맺을 확률이 높아진다. 자기 대화는 누구든 실천하고 누구든 덕을 볼 수 있는 방법이다. 그 덕 좀 보자고 마음만 먹으면 된다.

우리의 뇌는 우리가 하라고 하면 무슨 일이든 다 한다. 물론 자주, 강력하게 말해 줘야 한다. 무의식은 "난 촌스러워"라는 말과 "난 우아해"라는 말의 질적 차이를 알지 못한다. 가난한 것과 부유한 것의 차이도 모른다. 무엇이든 우리가 제시하는 이미지와 프로그램을 받아들일 뿐이다.

한 문장의 자기 대화가 우리의 행동에, 궁극적으로 우리의 삶에 긍정적인 효과를 가져 올 수 있지만 그 효과를 온전히 누리려면 긍정적인 말에 덧붙여 '되고 싶은 나', '살고 싶은 삶'에 대한 새로운 이미지까지 제시해 줘야 한다. 긍정적인 자기 대화를 훈련하는 한편 마음속으로 자신이 살고 싶은 삶을 명확한 이미지로 그려 보자. 긍정적인 말과 이미지, 이 두 가지는 성공을 끌어당기는 초강력 비법이다.

무의식은 오로지 우리가 제시하는 말과 이미지대로만 창조할 수 있다. 무의식은 내가 생각하는 나를 현실에 창조하기 위해서, 내가 생각하는 내 삶을 현실에 창조하기 위해서 쉼 없이 일한다. 우리의 신경계는 실제 경험과 상상을 구분하지 못한다. 무엇이든 우리가 사실이라고 믿는 것에 저절로 적절히 반응할 뿐이다. 신경계의 입장에서는 '생각', '믿음', '상상'이 동의어다. 다 그게 그거다. 신경계의 이런 특성을 자신에게 유리하게 이용하려면 긍정적으로 생각하고 긍정적인 이미지를 투사하면 된다.

하지만 부정적인 대화와 이미지를 긍정적인 대화와 이미지로 바꾸기 시작할 때 우리의 낡은 조건화와 프로그래밍이 그 변화를 막으려 할 것이다. 그러니 마음이 뭐라고 하든 포기하지 않고 계속하겠다고 단단히 결심하고 시작하길 바란다. 마음의 준비를 해 두면 끈기 있게 밀고 나가기가 더 수월하다. 아예 이런 말을 하는 것도 좋다.

"난 나에게 가장 도움이 되는 일을 하고 있어. 자신 있고 건설적으로 마음을 다시 프로그래밍하는 중이야."

처음에는 바보 같은 기분이 들지도 모르지만, 금세 훈련의 효과가 나타나기 시작하면 그런 민망하고 터무니없는 기분은 사라져 버릴 것이다.

자기 대화 점검 방법

다음은 우리가 평소에 이로운 자기 대화를 하는지, 해로운 자기 대화를 하는지 가늠하게 해 주는 체크리스트다. 섀드 헴스테터가 《Self Talking》에서 소개한 방법이다.

• 현재 시제로 표현하는가?

마음속에 그리는 이미지는 목표를 이미 성취한 자신을 그린 완성도여야 한다.

• 명확한가?

최대한 구체적이고 자세하게 그려야 한다. 모호한 말과 이미지는 모호한 결과를 낳는다. 목표를 명확하게 표현할수록 무의식에 전달하는 지시도 명확해진다.

• 긍정적이고 건강한 방식으로 목표를 성취하도록 지시하는가?

그렇지 않으면 무의식은 옳고 그름의 차이를 분간하지 못하기 때문에 목표를 이루기 위해서 건강을 해치거나 위험한 방법까지 동원할 것이다. 가령 당신이 몸무게 10킬로그램을 줄이고 싶어 한다면 무의식은 당신을 독한 감기에 걸리게 해서라도 그 무게를 빼게 할 것이다. 몸무게는 줄겠지만 그렇게 되기까지 당신은 퍽 끔찍한 날들을 보내야 할 것이다. 몸과 마음의 건강을 기본 전제로 하는 지시를 내려야 한다. 그래야 행복하게 목표를 성취할 수 있다.

• 단순한가?

단순한 자기 대화가 최고의 자기 대화다. 복잡하거나 난해하지 않은 것, 기억하고 떠올리기 쉬운 것이어야 한다. 필요할 때 얼른 떠오르지 않으면 잘 사용하게 되지 않기 때문이다.

• 현실적이고 성취 가능한가?

자신에게 당장 기적을 기대하거나 요구해서는 안 된다. 지금 연봉이 3,000만 원인데 한 달 만에 10억 원을 더 번다는 것은 비현실적인 목표다. 물론 그렇게 벌 수도 있다. 하지만 자기 자신부터 그 목표가 이뤄지리라고 진심으로 믿기는 어려울 것이다. 자신에게 불가능을 성취하라고 주문하면 좌절과 실패를 맛보게 될 뿐이다. 반면 성취 가능한 목표들을 세우고 이뤄 나가기 시작하면 자신감과 에너지가 붙는다.

• 솔직한가?

목표 성취를 가로막는 기존의 걸림돌들을 인식하고 인정하자. 현재 자신이 처한 위치를 받아들이고, 거기서부터 어디로 나아가고 싶은지 결정해야 한다.

• 자신의 최고 기량을 요구하고 있는가?

자신을 과소평가하지 말자. 최고의 기량을 요구해서 자신을 확장하고 성장시키는 자기 대화를 해야 한다. 동기를 부여하고 승자로 부상하는 자기 대화를 해 보자.

내 안에는
코치가 있다

동기는 대부분 오래가지 못한다. 외적 동기가 사라지면 우리는 곧바로 옛날 방식으로 돌아간다. 도무지 지속하지 못하는 것이다. 여기엔 다 까닭이 있다. 진정한 동기는 내적 동기뿐이기 때문이다.

주도적으로 살기 위해서는 자기 스스로 동기를 부여하고 내면의 코치를 일깨워야 한다. 내면의 코치야말로 자신의 가장 강력한 응원단장이고 최고의 후원자이며 자신에게 새로운 목적과 방향을 제시해 주고 믿음을 강화해 주는 최고의 조력자다. 내면의 코치는 결코 우리의 기대를 저버리지 못한다. 그 자체로 우리의 일부기 때문이다.

자기 대화는 인생의 성공과 실패를 가름하는 결정 요인이다. 또한 내면의 힘과 결단을 끌어내는 최고의 방식이다. 내적 자원을 생동하게 하자. 내적 자원이 실패가 아니라 성공을 위해서 일하게 하는 것이다. 당신은 할 수 있다. 자신에게 말할 때 우주를 통틀어 가장 중요한 단 한 사람에게 말하듯이 하자. 실제로 당신은 그런 사람이다.

매일매일 꾸준히 연습한다면 긍정적인 자기 대화가 곧 먹고 자고 걷는 것만큼 자연스럽고 쉬워질 것이다. 긍정적인 자기 대화가 습관이 되고 나면 성공은 저절로 이뤄진다. 긍정적인 자기 대화를 숙달한 사람은 자신에게 상상 가능한 최고의 선물을 한 것과 같다.

내적으로 향상되면 외적으로는 저절로 향상된다. 얻고 싶은 것들이 훨씬 쉽고 편안하게 얻어진다. 자기 자신을 향상시키면 자기 삶을 향상시킬 수 있다.

당신에게 확신을 주는
성공 노트 4

• 우리는 뇌에게 원한다고 누누이 말했던 것들을 이미 갖고 있다. 그러므로 우리 스스로 뇌의 생각을 관리하는 것이 무엇보다 중요하다. 생각을 더 나은 방향으로 바꿔 보자.

• 생각을 통제하자. 말 그대로 인생이 바뀐다. 생각을 통제하면 행동이 통제되기 때문이다. 하지만 낡은 생각을 바꾸느라 시간을 허비할 필요는 없다. 그냥 새로운 생각을 시작하기만 하면 된다.

• 자신에게 말할 때 우주를 통틀어 가장 중요한 사람에게 말하듯이 하자. 실제로 당신은 그런 사람이다.

· 다섯 번째 비밀 ·

믿음은
세상에서 가장
강력한 힘이다

확신

지금 이 순간 당신 안에는
이제까지 감히 꿈도 꾸지 못했던 일들을 해낼 힘이 있다.
하지만 그 힘을 꺼내 쓸 수 있는 것은
당신이 믿음을 바꾸는 그 순간부터다.

—

맥스웰 몰츠

진실은 스스로
정의하기 나름이다

두말 할 필요 없이 이번 비밀이야말로 세계적인 성취자들의 최고 비결이다. 모든 조건이 같다 해도 어떤 사람은 백만장자가 되고, 어떤 사람은 근근이 먹고 사는 이유가 바로 믿는 힘이 달라서다. 러시아 소설가 안톤 체호프도 "사람은 믿는 대로 된다"라고 말하지 않았던가? 자신이 처한 세계를 필연적으로 창조하는 것은 자신의 믿음이다.

내 경우도 그렇다. 믿음이 바뀌자 삶이 확 바뀌었다. 1997년, 가족과 함께 집에서 쫓겨나고 마지막으로 타던 자동차마저 잃은 뒤 나는 어느 세미나에서 마법 같은 한 문장을 들었다.

"성공의 크기는 믿음의 크기에 비례한다."

그 순간 나는 '믿음'이 퍼즐의 마지막 조각임을 깨달았고, 곧바로 믿음을 바꾸기 위한 프로젝트에 돌입했다. 그러자 90일이 채안 돼 내 삶에 변화가 일기 시작했다. 6개월 뒤에는 당시 내가 관계하던 전국의 판매 회사들 사이에서 내 이름이 알려졌고, 1년 뒤에는 1억 원이 넘는 수입을 올렸다. 그리고 몇 년 뒤에는 한 해 동안 꼬박 번 돈보다 큰 액수를 불과 며칠 만에 벌어들이는 날들이 많아졌다. 이 모든 것이 내 믿음이 바뀐 결과였다.

나폴레온 힐의 말마따나 신앙은 세상에서 가장 강력한 힘이다. 성경에는 신앙의 힘이 겨자씨만큼만 있어도 산을 옮길 수 있을 정도로 강력하다고 나와 있다. 하지만 믿음은 우리가 진실이라고 또는 현실이라고 받아들이는 것에 불과하다. 여기서 중요한 것은 우리가 진실이라고 받아들이는 것이 진실도, 현실도 아닐 수 있다는 점이다. 그럼에도 우리가 그것을 진실이나 현실이라고 받아들이는 순간 그것은 진실이나 현실인 양 우리 결정에 영향을 미친다. 따라서 삶은 살아 있는 기적이 될 수도, 살아 있는 악몽이 될 수도 있다. 각자의 상상에 달려 있는 것이다.

4분의 장벽을 허물 수 있었던 힘

그리스에서 올림픽이 처음 생겨나던 시절에 사람이 1마일(약 1.6킬로미터)을 4분 안에 뛸 수 있느냐를 놓고 논쟁이 붙었다. 의료계와 과학계에서는 불가능하다고 했다. 그렇게 빨리 뛰면 심장이 터져 버리고 말 것이라고 했다. 자, 우리가 그 시절에 달리기를 훈련하던 육상 선수라면 해당 속도의 경계를 넘어섰다간 심장이 터질 것이라고 말하는 의료계와 과학계의 믿음에 과연 영향을 받았을까?

수천 년 동안 사람이 1마일을 4분 안에 뛴다는 것은 불가능할 뿐만 아니라 대단히 위험한 일이라고 널리 받아들여졌다. 그러다가 1950년대에 들어서 의대생이던 로저 배니스터가 나타났다. 그는 영국에서 해부학과 생리학을 공부하다가 우연히 '1마일을 4분 안에 뛸 수 없다'는 믿음에 반하는 의학적 증거들을 발견했다. 증거를 면밀히 살펴보니 그렇게 뛰어도 심장은 터지지 않을뿐더러 인간의 몸은 그 정도 속도쯤은 거뜬히 뛰어넘을 수 있었다. 증거에서 확신을 얻은 로저 배니스터는 기존의 믿음을 버리고 세상에 나서서 자신만만하게 외쳤다.

"내가 4분의 장벽을 허물겠습니다."

지금까지도 많은 이가 배니스터가 1956년에 1마일을 3분 59초

4에 완주했음을 기억한다. 그러나 그들이 알지 못하는 사실이 하나 있다. 그로부터 2주 후 4분의 장벽을 허문 사람이 또 있었다는 사실이다. 그해에 1마일을 4분 안에 뛴 사람은 무려 아홉 명이었다. 수천 년의 역사상 단 한 사람도 1마일을 4분 안에 뛰지 못했는데, 고작 1년 동안 아홉 명이나 뛴 것이다. 무엇이 변한 걸까? 인간의 몸이? 아니면 인간의 믿음이?

믿음 조절 장치의
한계를 확인하기

믿음을 바꾸고자 할 때 증거를 찾는 일은 대단히 중요하다. 우리를 한계 짓는 모든 믿음을 꺼내 놓고 그 믿음들의 증거를 찾아보자. 하나도 찾지 못할 것이다. 일례로 '돈을 벌려면 돈이 필요하다'는 믿음을 떠올려 보자. 눈을 씻고 증거를 찾아보려고 해 봐도 그 믿음이 거짓이라는 사실만 알게 될 뿐이다. 밑천이 거의 없이, 아니 전혀 없이 일확천금을 모은 사람들이 좀 많은가! 나도 그중 한 사람이기 때문에 잘 안다.

개인적으로 나를 오랫동안 한계 지었던 믿음 중 하나는 내가 경제적으로 대단히 성공하지는 못하리라는 것이었다. 대학을 중퇴해서 학위를 따지 못했기 때문이다. 그렇다면 학사 학위가 경제적 성공의 필수 요소인지 아닌지 증거를 찾아보자. 사실 그렇게 멀리서 찾을 필요도 없다. 세상에서 제일가는 부자인 빌 게이츠도 학위 없이 대학을 그만뒀다. 그러니 학위가 경제적 성공의 필수 요소라는 믿음은 명백히 거짓이다.

성공으로 통하는 문을 여는 열쇠

믿음이 자아 이미지를 만든다. 그리고 자아 이미지는 스스로 뭘 할 수 있고, 할 수 없는지에 대한 자신의 믿음을 결정한다. 우리가 뭔가를 하기가 어렵다고 또는 쉽다고 여기는 것이 자아 이미지에 달려 있다는 것이다.

믿음은 집에 있는 온도 조절 장치와 같다. 온도를 22도로 맞춰 놓고 에어컨을 틀면 온도 조절 장치는 집 안의 온도가 22도를 절대로 넘지 못하게, 그러니까 넘기 전에 에어컨을 가동시킨다. 만일 당신이 소득을 높이려고 온갖 애를 다 써 봤는데도 별 성과가 없다면 당신의 '믿음 조절 장치'를 살펴보길 바란다.

브라이언 트레이시는 말했다.

"당신은 살아 있는 자석이다. 당신의 생각에 어울리는 것들만 삶으로 끌어온다."

당신의 생각이 당신의 믿음 조절 장치를 제어한다. 이 같은 원리는 우리가 하는 모든 활동에 그대로 적용된다. 살을 빼건 어떤 영역의 목적을 성취하건 말이다. 우리는 우리가 하는 생각의 주인이거나 노예다. 우리의 모든 능력, 감정, 행동, 활동은 항상 우리의 자아 이미지에 부합한다.

우리는 자아 이미지로부터 벗어나지 못한다. 의지를 부리거나 의식적으로 노력해서 자아 이미지를 거역해 볼 수도 있지만, 그 결과는 오래가지 못한다. 자아 이미지를 자각하건 못하건 항상 그 이미지로 돌아가게 돼 있다. 고무줄을 잡아 늘려 봤자 도로 제자리로 돌아가듯이 말이다. 스스로 이게 나라고, 이게 내 처지라고 굳게 믿는 이미지에 걸맞게 행동하고 살아갈 뿐이다.

우리의 자아 이미지는 우리가 수 년 동안, 어쩌면 수십 년 동안 해 온 깊고 은밀하게 뿌리내린 생각의 패턴이다.

리처드 바크의 유명한 말도 있지 않은가?

"한계를 그어 놓으면 보나마나 그렇게 된다."

희소식은 이 케케묵은 생각과 자아 이미지가 바뀔 수 있다는 사실이다. 케케묵은 생각의 패턴이 바뀌면 인생도 즉각적으로 변할 수 있다. 답은 태도에 있다. 꿈과 목표를 대하는 태도가 성공으로 통하는 문을 잠그기도 하고 열기도 한다. 문을 열어 승자가 되려면 생각, 행동, 감정이 서로 일치해야 한다. 그리고 그 생각이 긍정적이고, 초점이 목표에 정확하게 맞아 있으면 누구든 해내지 못할 일이 없다.

목표 설정과 긍정적인 태도는 나란히 붙어 다니는 한 쌍이다. 목표를 정하고 긍정적인 태도를 가지면 목표 성취가 한결 쉬워진다. 목표에 이를 수 있음을 믿어야 한다. 그럼 실제로 그 목표에 이를 가능성이 어마어마하게 높아진다.

가령 당신이 소득을 높이고 싶다면 다음의 훈련을 해 보길 바란다. 3주 동안 자신의 가치와 경제적 능력에 관해 긍정적인 자기 대화를 하는 것이다. 그런 다음 3주 후에 목표를 정하고 구체적인 계획을 세운다. 자신이 정말로 어떤 사람인지, 정말로 얼마만큼 성취할 수 있는 사람인지 알고 나면 목표를 설정하고 그 목표에 이르는 단계들을 명확히 파악하기가 한결 쉬워진다.

목표를 설정하고, 긍정적인 자기 대화를 동력으로 삼고, 자신의 능력에 대한 믿음이 그 목표를 밀어 준다고 상상해 보자. 물론 이런 뒷받침 없이 목표를 이룰 수도 있겠지만, 그러자면 훨씬 길고 고단한 시간을 보내야 할 것이다. 목표를 설정하고, 매일매일 성취를 위해 힘쓰고, 그 과정 내내 자신에게 긍정적으로 말해 보자. 긍정적인 자아 이미지와 자존감으로 무장된 확고한 내적 기반을 세움으로써 당신은 목표 지점에 안전하게 도착하리라는 보장을 얻을 수 있다.

앞에서도 말했듯이 나는 미루는 버릇의 두 가지 원인 중 하나가

'믿음'이라고 생각한다. 스스로 될 거라고 믿지도 못하는 일을 해 보려고 시도하는 사람은 거의 없다. 시도한다 해도 확신이 없으 면 100퍼센트의 노력을 기울이지는 못한다. 인간의 방어 기제가 워낙 그렇다.

《위대한 생각의 힘(As a Man Thinketh)》에서 제임스 알렌은 이 렇게 썼다.

"하려는 의지는 할 수 있음을 아는 데서 나온다."

또 《간절히 원하라! 꼭 이루어진다(Above Life's Turmoil)》에서 는 이렇게 썼다.

"믿음이 항상 행동에 우선한다."

성공할 수 없는 이유와
성공할 수밖에 없는 이유

한계 짓는 우리의 믿음은 한계 짓는 우리의 생각과 한계 짓는 우리의 말, 한계 짓는 주변 사람들에 의해 형성되고 유지된다. 한 계 짓는 믿음을 바꾸는 것은 성공 가능성을 높이는 데 대단히 중 요한 부분을 차지하기 때문에 챔피언스 클럽에서는 이 작업을 대단히 강조하고 시간을 많이 들인다. 나는 스스로의 믿음을 바꾸는 작업이 회원들에게 최고의 결과를 안겨 줬다고 생각한다. 이들 중에는 사업을 새로 시작해서 수입을 세 배로 올리고, 생각했던 것보다 두 배는 빨리 목표를 달성한 이들도 있다.

당신의 믿음은 얼마나 강한가? 전설의 저자 맥스웰 몰츠는《맥스웰 몰츠 성공의 법칙(Psycho-Cybernetics)》에서 이렇게 말했다.

"지금 이 순간 당신 안에는 이제까지 감히 꿈도 꾸지 못했던 일들을 해낼 힘이 있다. 하지만 그 힘을 꺼내 쓸 수 있는 것은 당신이 믿음을 바꾸는 그 순간부터다."

인간은 상상 가능한 모든 것을 창조할 수 있다. 그렇지 않다면 상상하는 능력이 왜 생겼겠는가? 생각이 자신을 이롭게 하는지, 해롭게 하는지 항상 자문하길 바란다.

'생각이 나를 목표에 가까워지도록 이끄는가, 오히려 멀어지도록 떠미는가?'

'생각이 내게 동기를 줘 행동에 나서게 하는가, 오히려 두려움과 자기 회의에 빠져 움츠러들게 하는가?'

긍정적인 방향으로 생각하고 거기에 집중하는 법을 배워야 한다. 그것이 스스로 원하는 삶을 창조하는 핵심 요소다.

성공할 수 없는 이유 말고 성공할 수 있는 이유에 집중하자. 변명 말고 해결책에 집중하자. 우리가 지금 서 있는 곳과 가려는 곳 사이에는 항상 걸림돌이 있기 마련이다. 그러나 목적지에 집중하면 걸림돌은 사라질 것이다.

Goal Setting
당신에게 확신을 주는
성공 노트 5

- 사람은 믿는 대로 된다. 성공의 크기는 믿음의 크기에 비례한 다. 목표에 이를 수 있음을 믿어 보자. 그럼 실제로 그 목표에 이를 가능성이 어마어마하게 높아진다.

- 스스로 뛰어나다고 믿으면, 뛰어난 것이다. 높이 오르려면 높 이 생각해야 하고, 성공을 얻으려면 나 자신부터 믿어야 한다.

- 스스로 아무 개선할 의지를 갖지 못했던 문제들이 있는지 솔 직하게 돌아보자. 그런 문제들을 발견했다면 합리적인 사고를 대입해서 그 해묵은 믿음을 깨뜨려야 한다.

- 돈이 없는 것은 한계 짓는 믿음에서 나온 직접 결과다. 경제적 부를 더욱 많이 창출하기 위해서는 지금 당장 돈에 관한 생각 과 믿음을 바꿔야 한다.

· 여섯 번째 비밀 ·

앞서 성공한
사람의 길이
지름길이다

멘토

남들보다 조금 더 멀리 보고 있다면
그것은 내가 거인의 어깨 위에 올라서 있기 때문이다.
—
아이작 뉴턴

빨리 갈 수 있는 길을 두고
굳이 돌아갈 필요는 없다

세계 최고의 성취자들은 기존에 있는 것을 다시 만드느라 귀한 시간을 허비하지 않는다. 그들 가운데 드물게 혁신의 달인처럼 보이는 사람이 있기는 하다. 하지만 그들은 사실 성공 사례들을 연구해서 낡은 생각에 새로운 앵글이나 비틀기를 적용하는 데 능숙할 뿐이다.

나는 전혀 새로운 목표에 도전하려는 사람들에게 항상 똑같은 충고를 한다. 성공에 이르는 가장 빠른 지름길을 찾으려면 그 뿌리는 적어도 고대 그리스까지는 거슬러 올라가야 한다고 말이다. 즉 자신이 하려는 일을 이미 하고 있는 사람 또는 이미 성취한 사람을 찾으라는 것이다. 찾아내서 그들이 그런 결과를 얻기까지 어떻게 했는지 연구한 다음 그들이 했던 대로만 하면 그들과 똑같은 목표 지점에 닿을 수 있다.

강연을 할 때 나는 진심을 담은 농담으로 내가 하는 일 중에는 독창적인 게 하나도 없다고, 다 누군가가 이미 한 일을 베끼는 것뿐이라고 말한다. 하지만 덧붙여 내 최고의 비결도 이야기한다. 나는 항상 최고만을 베낀다고 말이다.

음악 같은 분야에서는 이런 모방 사례를 찾아보기 어렵지 않다. 1950년대 우상이었던 버디 홀리는 블루스의 거장 머디 워터스의 음악과 스타일을 일부 베꼈고, 머디 워터스는 전설인 로버트 존슨을 베꼈다. 이후 롤링스톤스는 홀리와 워터스와 존슨의 음악과 스타일을 일부 베꼈고, 또 AC/DC는 롤링스톤스의 음악과 스타일을 일부 베꼈다. 이렇게 옛것을 약간 다르게 비트는 방식으로 계보가 이어져 나간다.

나는 초보자들이 왜 자꾸 기존의 것들을 새로 만들려고 하는지 잘 모르겠다. 자기만족을 위해 몸부림치는 허약한 에고 때문인지, 아니면 학창 시절 남의 것을 베끼는 것이 아름답지 못한 일이었던 기억 때문인지.

나는 분명하게 충고하고 싶다. 안 써도 될 시간과 돈을 쓰고 안 겪어도 될 실패까지 견디고 싶은 사람만 목표를 향해 검증되지 않은 길을 도도하게 걸어가라고 말이다. 반면 성공할 확률을 확실하게 끌어올리고 곧게 뻗은 최단 거리로 목표에 이르고 싶은 사람에게는 반드시 모델로 삼을 만한 사람을 찾아 기대라고 말해 주고 싶다.

위로는 손길을 구하고
아래로는 손길을 건네라

한때 미국의 야심찬 부모들은 낼 수 있는 병가와 휴가를 닥닥 긁어모으고 노후 대비 저축을 탈탈 털어서 미국 대륙 최남단에 있는 텍사스주 휴스턴까지 아이를 차에 싣고 데려가던 시절이 있었다. 그들의 목적지는 역사상 가장 위대한 체조 코치라 할 만한 벨라 카롤리의 훈련 캠프였다.

카롤리는 올림픽 금메달리스트 아홉 명, 세계 선수권 대회 금메달리스트 15명, 유럽 선수권 대회 메달리스트 16명, 미국 내셔널 선수권 대회 금메달리스트 여섯 명을 배출한 바 있다. 그에게 코치를 받는 것은 아이의 미래 성공 확률을 천문학적 수준으로 높이는 일이었다.

멘토, 성공하고 싶은 사람의 필수 아이템

세계적인 성취자들은 누구나 이 비밀을 알고 있다.

"잠재력을 극대화하려면 코치를 둬라."

성취에 있어서 코치는 조직의 리더십과 같은 역할을 한다. 코치는 우리를 긍정적인 방향으로 지원한다. 칭찬하고 용기를 북돋는다. 이런 긍정적인 피드백은 자동적으로 신경 전달 물질을, 호르몬을, 엔도르핀을 방출해 우리를 기분 좋게 해 준다. 따라서 긍정적이고, 기운을 북돋고, 영감을 불어넣는 코치를 뒀을 때 성취 수준이 쑥 올라가는 것이 당연하다.

멘토는 모든 세계적인 성취자들의 또 하나의 '필수 아이템'이다. 성취자들은 '거물들의 어깨에 기대기'의 중요성을 안다.

다음은 세계 최고 멘토와 멘티들의 몇몇 예다.

- 안토니 홉킨스 경의 멘토 리처드 버튼
- 엘리자베스 테일러의 멘토 오드리 헵번
- 제이 레노의 멘토 조니 카슨
- 아널드 슈워제네거의 멘토 조 웨이더
- 데니스 호퍼의 멘토 제임스 딘
- 윌리엄 태프트(미국 27대 대통령)의 멘토 시어도어 루스벨

트(미국 26대 대통령)
- 린든 존슨(미국 36대 대통령)의 멘토 프랭클린 루스벨트(미국 32대 대통령)
- 존 메이저(영국 총리)의 멘토 마거릿 대처(영국 총리)
- 프랭크 시나트라의 멘토 빙 크로스비
- 크리스티나 아길레라의 멘토 머라이어 캐리
- 밥 딜런의 멘토 우디 거스리
- 로레타 린의 멘토 팻시 클라인
- 리처드 브랜슨의 멘토 프레디 레이커
- 짐 론의 멘토 얼 쇼프
- 토니 로빈스의 멘토 짐 론

다음은 내가 정말로 열광하는 인물들이다.

- 나폴레온 힐의 멘토 앤드루 카네기
- 얼 나이팅게일의 멘토 나폴레온 힐
- 밥 프록터의 멘토 얼 나이팅게일

그리고 밥 프록터는 나의 멘토 중 한 명이다. 지난 10년간 밥에게서 배운 것만큼 내 성공에 지대하게 영향을 미친 것은 없었다. 그러나 나는 그와의 상호 작용 역시 뒤로 하고 나아간다. 그는 나 스스로 정한 한계이기도 했고, 그것마저 허물어뜨려야 함을 알기 때문이다.

미시간 출신 공인 회계사 더그 에반스는 내가 멘토를 해 주면서 대단한 즐거움과 보람을 느꼈던 친구다. 어느 날 더그가 말했다.

"빅, 챔피언스 클럽을 통해서 삶을 향상시켜 줄 수 있는 다양한 생각과 영감과 동기와 방향을 얻었어요. 이제 나는 성공을 향해서 더욱 든든한 기반과 초점을 갖고 앞으로 나아가게 됐어요."

내가 건넨 도움은 다시 나에게 닿는다

카네기에게도 멘토가 있었다. 그를 기원으로 하자면 그가 나눠 준 지혜의 사슬이 몇 세대를 거쳐 내려와 미시간에 닿았고, 이제 거기서 더그가 멘토가 돼 줄 또 다른 후배들에게로 계속 전수돼 내려갈 것이다.

멘토의 도움을 얻기 위해서 꼭 직접 만남을 가져야 하는 것은 아니다. 내 영웅이자 멘토 중 한 명은 윈스턴 처칠이다. 절대로 직접 만나 볼 수 없는 인물이다. 하지만 나는 그에게서(그의 글) 그리고 그에 관해서(다른 이들의 글) 많은 배움을 얻었고, 나 스스로도 그를 열심히 연구했다.

더구나 오늘날의 기술은 전 세계 각지의 멘토들과 직접 만나지 않고도 일대일 관계를 맺을 수 있게 해 준다. 전화, 이메일, 메시지, 온라인 세미나 등 매체가 얼마나 다양한가? 코치와 멘토를 두지 않는 데는 더 이상 변명의 여지가 없다.

《성공의 원리(The Success Principles)》에서 잭 캔필드는 코치나 멘토의 중요성을 다음과 같이 설명한다.

- 비전과 목표를 명료하게 알 수 있다.
- 두려움을 극복할 수 있다.
- 목표에 계속 집중할 수 있다.
- 목표 성취를 위한 세부 실천 단계들을 결정할 수 있다.
- 나의 가치, 비전, 임무, 목적, 목표를 판단할 수 있다.
- 기회를 알아볼 수 있다.
- 일과 직업적인 목표를 달성하면서도 삶의 균형을 유지할 수 있다.

코치에는 사업 코치, 마케팅 코치, 글쓰기 코치, 생활 코치 등 종류도 많다. 하지만 가장 좋은 것은 스스로 누군가의 코치나 멘토가 돼 주는 것이다. 누구나 특별히 잘하는 분야가 있고, 유난히 즐겁게 할 수 있는 일이 있지 않은가?

우리는 긍정적인 피드백을 받을 때만 뇌에서 기분 좋은 화학 물질이 방출되는 게 아니다. 긍정적인 피드백을 주고 용기를 북돋워 줄 때도 같은 작용이 일어난다. 다른 사람을 더 높은 성공의 경지에 오르도록 도우면 그를 도울 뿐 아니라 자기 스스로도 돕는 셈이다.

당신에게 확신을 주는
성공 노트 6

- 성공할 확률을 확실하게 끌어올리고 곧게 뻗은 최단 거리로 목표에 이르고 싶다면 모델로 삼을 만한 사람을 찾아 기댈 줄 알아야 한다.

- 항상 최고만을 베끼자. 베끼되, 그들의 방법에 어떻게 하면 자신만의 능력이나 관점을 적용할 수 있을지 고민하자. 그들의 것을 어떻게 '새롭게', '더 낫게' 또는 '다르게' 만들 수 있겠는가?

- 잠재력을 극대화하려면 코치를 둬야 한다.

- 전화, 이메일, 메시지, 온라인 세미나 등 모든 매체를 활용하자. 기술의 발달로 코치와 멘토를 두지 않는 데는 더 이상 변명의 여지가 없다.

- 스스로 누군가의 코치나 멘토가 돼 보자. 다른 사람을 더 높은 성공의 경지에 오르도록 도우면 그를 도울 뿐 아니라 자기 스스로도 돕는 셈이다.

· 일곱 번째 비밀 ·

방향만 알면
속도는 문제도
아니다

목표

대부분의 사람은 마치 삶이 자신의 것이 아니라는 듯이
조용하고 망설이며 세상을 살아간다.

—

E. L. 닥터로

우리가 자꾸만
길을 잃는 이유

챔피언스 회원들이 내게 끊임없이 토로하는 가장 큰 문제는 다음의 두 가지다.

"도저히 집중이 안 된다."
"너무 바빠서 목표에 투자할 시간이 없다."

우리는 위대한 목표를 세운다. 전문가들이 권장하듯 목표를 종이에 적기까지 하고 열정적으로 행동에 옮기기 시작한다. 힘과 에너지가 느껴진다. 이번에는 번지수를 제대로 찾았고, 이번만큼은 다른 때와 다르리라는 확신이 든다. 그러다가 덜컥 일이 생긴다. 인생에 크고 작은 시련이 닥치는 것이다. 자기 자신이나 가족이 병에 걸릴 수도 있다. 혹은 직장에 문제가 생기거나 뜻하지 않게 재정상의 위기가 닥칠 수도 있다. 사정이 뭐든 간에 그 시련이 우리를 집어삼켜 버리고, 한때 우리 앞에서 밝게 빛나던 목표는 이제 사정만 생기지 않았다면 이룰 수 있었을 색 바래고 고통스러운 기억으로만 남는다.

누구에게나 시련은 닥치기 마련이다. 그러나 성공하는 사람들은 어떤 시련에도 자신의 초점을 잃지 않는다. 미식축구 선수 페이턴 매닝 같은 백전노장이 마지막 쿼터에서 경기의 흐름을 뒤집고 팀을 승리로 이끄는 모습을 봐도 그렇고, 초등학교 3학년이 새로운 비디오 게임을 하는 모습을 봐도 그렇다. 챔피언들은 그야말로 자기 에너지와 노력을 목표에 정확히 집중하고는 그 초점을 흐리는 모든 일과 사람을 차단하는 데 전문가들이다.

《위대한 생각의 힘(As a Man Thinketh)》에서 제임스 알렌은 이렇게 썼다.

"목표를 품은 사람은 성취에 이르는 직선 길을 머릿속에 그려야 하고, 그런 다음에는 이리저리 곁눈질해서는 안 된다."

이 관점을 염두에 두고 잠시 우리가 자동차 여행을 계획하고 있다고 가정해 보자. 보통은 지도를 보고 목적지에 도달하는 가장 빠른 경로를 선택할 것이다. 그러나 정해진 시간에 꼭 도착하지 않아도 된다면 이리저리 경유하며 다른 흥밋거리들을 찾을 수도 있겠다. 또 목적지에 도착하는 게 그다지 중요하지 않다면 경유지 중 한 곳에서 여행을 마치기로 하고 의도했던 목적지에는 아예 가지 않을 수도 있다.

초점을 맞추지 못하는 고객들의 이유를 분석하다 보면 나는 방금의 가정과 유사한 경우를 자주 본다. 고객과 한참을 상담한 끝에서야 목표가 그들에게 원래 생각했던 것만큼 중요하지 않다는 게 밝혀지는 것이다.

'두 번째 비밀'에서 내가 열망의 힘에 대해 설명했던 내용을 떠올려 보길 바란다. 성취를 위해서는 목표에 대해 '마음을 사로잡는, 집요한, 약동하는, 불타오르는' 열망을 갖는 것이 무엇보다 중요하다. 목표에 잘 집중할 수 없다면 제일 먼저 점검해야 할 것이 목표 그 자체다.

'이것이 정말로 내 목표인가, 아니면 다른 사람이 내게 바라는 목표인가?'
'이 목표가 내게 왜 중요한가?'
'충분히 큰 목표인가?'

'이 목표를 성취하지 못하면 나는 어떤 기분이 들 것인가?'

이 질문들에 답을 해 보면 자신이 과연 챔피언처럼 목표에 무섭게 초점을 맞출 수 있을지 가늠할 수 있을 것이다.

나는 어디에
초점을 맞추고 있는가

자신의 목표를 다른 사람이 대신 설정하도록 내버려 둘 때 또는 인생을 그저 흘러가는 대로 내버려 둘 때 우리는 스스로의 환경과 처지를 의식적으로 관리한다고 볼 수 없다. 구체적이고 측정 가능한 것을 직면하기보다 애매하고 막연한 것 속으로 피신하는 셈이다.

자신이 목표와 꿈에서 초점이 벗어난 일에 시간을 너무 많이 쓰고 있지는 않은지 돌아보길 바란다. 어떤 이들은 외부 자극에 푹 빠진 나머지 자기가 원하는 일에는 아예 초점을 맞출 생각도 하지 않는다. TV에, 라디오에, 광고에 심지어 주위 드는 얘기에까지 일일이 귀를 기울이고 신경을 쓰느라 꿈을 어떻게 꾸는지도 잊어버리고, 어떤 인생을 바라는지도 잊어버린다. 이런 함정에 빠져서는 안 된다. 스스로 시간을 어떻게 쓰는지 의식해야 한다. 당신은 당신의 시간을 어디에 어떻게 쓸지 스스로 정하는가, 아니면 다른 사람이 대신 정하게 하는가?

덧붙여 자신이 하고 싶은 일이 너무 많지는 않은지도 점검해 보길 바란다. 시간을 아무리 잘 관리해도 하고 싶은 일을 다 할 수는 없다. 매일매일 그야말로 너무나 많은 기회가 당신에게 펼쳐지기 때문이다. 사실 이렇게 따지면 시간 관리에 더 애를 먹는 것은 오히려 세계적인 성취자들이다. 그들은 존재 자체로 끌어당기는 일이 워낙 많은 사람들이지 않은가?

우리가 '하고 싶은 일'을 전부 다 하기에는 시간이 부족할 수 있다. 하지만 초점만 정확히 맞추면 목표에 이르기 위해 '해야 할' 일을 전부 다 할 시간은 충분하다. 목표 설정이란 본래 목표를 성취하기 위해 자신의 시간과 재능과 자원을 어디에 어떻게 할당할지 미리 결정하는 일이다. 목표에 정확히 초점을 맞추면 애초에 할당했던 대로 계획을 밀고 나가기가 훨씬 쉬워진다.

제임스 알렌은 또 이렇게 말했다.

"성공하는 사람들은 모두 하나의 생각이나 프로젝트나 계획을 단단히 붙잡고 절대로 포기하지 않는다. 그들은 그것을 마음에 품고, 곱씹고, 공들여 발전시켜 나간다. 시련에 휘말려도 그들은 결코 무릎을 꿇지 않는다. 오히려 맞닥뜨리는 걸림돌의 규모가 커질수록 목표도 더욱 강고해진다."

알렌의 말에서 "오히려 맞닥뜨리는 걸림돌의 규모가 커질수록 목표도 더욱 강고해진다"라는 마지막 문장이 진짜 비결이다. 단순히 "내 목표는 행복해지는 거야" 또는 "건강해지면 좋겠어", "부자가 되고 싶어"라고 말하는 것으로는 충분치 못하다. 마음과 우주는 목표와 열망이 구체적일수록 더욱 신속하고 긍정적으로 반응한다.

자신의 목표가 충분히 구체적인지 점검해 봐야 한다. 나는 목표에 정말로 레이저처럼 정확하게 초점을 맞출 수 있는가? 목표를 정말로 마음의 눈으로 볼 수 있는가? 분명히 보이지 않는다면 종이에 적어 보면 도움이 될 것이다.

성공을 부르는 선택
실패를 부르는 선택

앞서 이야기한 미루는 버릇은 시간과 꿈을 약탈하는 최고의 시간 도둑이자 꿈 도둑이다. 물론 정도의 차이는 있지만 우리는 모두 적당히 미루며 산다. 미룬다는 것은 행동과 행동 사이의 선택인데, 미루는 행동 자체가 우리를 실패자로 만들거나 성취자로 만드는 것은 아니다. 우리가 성공을 부르는 행동과 실패를 부르는 행동 중에 하나를 선택하는 것뿐이다.

다행히 우리에게는 미루는 나쁜 버릇을 떨쳐 낼 훈련 방법이 있다. 〈Mind For Success Brain Series〉라는 오디오 프로그램에서 더 그 벤치는 미루는 버릇을 물리칠 유용한 훈련 방법을 제시한다. 벤치는 이 방법을 '최후의 넷'과 '뉴턴의 법칙'이라고 부른다.

쉬운 일을 먼저 하는 '최후의 넷'

최후의 넷은 매일매일 그날의 임무를 시작할 때 활용하기 좋은 재밌고 쉬운 방법이다. 아침에 일어나자마자 빨리 할수록 좋다.

종이를 꺼내 그날의 할 일 목록을 작성하는데, 한 줄에 한 개씩 죽 내려 적는다. 목록을 다 적은 다음에는 맨 윗줄로 돌아간다. 맨 위 항목 두 개를 괄호로 묶는다. 그 아래 항목 두 개도 괄호로 묶는다. 그런 식으로 모든 항목이 둘씩 묶일 때까지 괄호로 표시한다. 다시 맨 위로 올라간다. 괄호로 묶인 두 개의 항목 중에서 어느 일이 더 쉬운지 자문하고 더 쉬운 일을 괄호 오른편에 적는다. 목록 전체에 이 작업을 수행한다. 그런 다음 오른편에 적힌 항목들을 다시 두 개씩 괄호로 묶고, 묶인 항목들 중에 더 쉬운 항목을 다시 오른편에 적는다. 이렇게 계속 하다 보면 최후의 항목 한 개만 남게 되는데, 이 항목이 전체 항목 중에서 가장 하기 쉬운 일이라는 뜻이다. 그 일을 제일 먼저 처리하면 된다.

흐름을 이어 가는 '뉴턴의 법칙'

뉴턴의 법칙은 뉴턴의 운동 법칙, 그러니까 쉬고 있는 몸은 계속 쉬려 하고 운동하는 몸은 계속 운동하려 한다는 데서 착안한다. 흔히 제일 어려운 일을 제일 먼저 해치우라고 말하는 사람들이 많은데, 그것은 뉴턴의 운동 법칙을 거스르는 발상이다.

'최후의 넷'을 완성한 다음 가장 쉬운 일부터 시작해 보자. 가장 어렵고 중요한 일 대신 가장 쉬운 일부터 시작하면 목록에 있는 다른 할 일들도 완수할 가능성이 높아진다. 모멘텀이 생기고 그 에너지가 하루 종일 유지되기 때문이다.

어떤 일에 우선적으로 초점을 맞춰야 할지 정리하고 나면 시간 관리의 고충들이 거의 다 풀릴 것이다.

Goal Setting
당신에게 확신을 주는
성공 노트 7

- 누구에게나 시련은 닥치기 마련이다. 그러나 성공하는 사람들은 어떤 시련에도 자신의 초점을 잃지 않는다.

- '하고 싶은' 일을 전부 다 할 시간은 부족할 수 있다. 하지만 초점만 정확히 맞추면 목표에 이르기 위해 '해야 할' 일을 전부 다 할 시간은 충분하다.

- 표적에 완벽하게 초점을 맞추는 명사수가 되자. 당장 인덱스 카드를 준비하고 오늘 밤부터 잠자리에 들기 전에 오늘 내 인생에 가장 중요한 목표를 카드에 적어 보자. 일주일 동안 밤마다 이 작업을 해 보는 것이다.

· 여덟 번째 비밀 ·

성공은
잠재력이 아닌
실행력의 결과다

행동

지혜의 말을 많이 읽고 기억한다고 해서 모두 성공하지는 않는다.
중요한 것은 그것을 이해하고 실제로 적용하는 것이다.

—

밥 프록터

결심은 빠르게 하고
변심은 느리게 할 것

성경은 우리에게 다음과 같은 소중한 지혜를 전해 준다.

"행동이 없는 믿음은 죽은 믿음이다."

세계적인 성취자들은 행동을 취하지 않으면 꿈이나 목표가 결국 사라지고 만다는 것을 안다. 또 그들은 당장 행동에 옮기고 결단력을 발휘하는 것이 누구나 배울 수 있는 습관이라는 점도 알고 있다.

위대한 성공의 아이콘이자 미국 자동차 산업의 전설인 리 아이아코카는 이렇게 말했다.

"만일 나에게 훌륭한 경영자를 결정짓는 자질을 한 단어로 요약하라고 한다면 나는 서슴없이 '결단력'이라고 대답할 것이다. 누구나 세상에서 가장 성능 좋은 컴퓨터로 모든 통계 숫자를 모을 수는 있지만, 마지막에는 스스로 계획을 세우고 행동에 옮겨야 하기 때문이다."

삶에서 우리가 얻는 보상은 잠재력의 결과가 아니라 실행의 결과에서 나온다.
이런 말도 있다.

"대중은 결심은 느리고 변심은 빠르지만, 크게 성공하는 이들은 결심은 빠르고 변심은 한다 해도 아주 느리게 한다."

세계적인 성취자들은 '모든' 정보가 모일 때까지 기다렸다가 결정을 내리지 않는다. 결정을 내리는 데는 '충분한' 정보만 있으면 되기 때문이다. 이들은 실패를 온전히 받아들이기 때문에 두려워서 결정을 실행하지 못하는 일이 없고 좌절한다고 하더라도 포기하는 법이 없다.

나는 중대한 결정을 내리고 겨우 행동을 시작했을 뿐인데도 엄청난 일들이 벌어지기 시작해서 놀랄 때가 한두 번이 아니다. 그럴 때면 내 행동의 에너지가 그 몇 배에 달하는 에너지를 우주로부터 끌어당기는 기분이 든다. 혹시나 그렇지는 않더라도 최소한 신속하고 결단력 있는 행동은 그 자체로 내게 자신감과 활력을 가져다준다. 나 스스로 더 미숙한 자아의 본능적인 무기력을 극복한 셈이기 때문이다.

성공하는 데 필요한 것은 사실 딱 두 가지다.

'탄탄한 아이디어.'

'아이디어를 실행에 옮기는 행동.'

일단 행동을 취하면 앞으로 계속 행동하게 될 가능성이 높아진다. 뉴턴의 운동 법칙이 과학적으로 뒷받침하고 있지 않은가? "쉬고 있는 몸은 계속 쉬려 하고, 운동하는 몸은 계속 운동하려 한다"라고 말이다.

일단 시작하면
성취는 따라온다

모멘텀은 물리학의 주춧돌이 되는 개념이다. 그리고 모멘텀을 생성하는 것은 지속적인 운동이다. 나는 물리학에 대해서 잘 모르지만, 자전거에 올라타서 앞으로 나아가는 놀라운 결과를 얻기 위해서는 먼저 페달을 몇 차례 돌려야 한다는 것쯤은 안다. 또 일정 속도가 나기까지 자전거의 페달을 밟기 위해서는 에너지를 순간적으로 강렬하게 터뜨려야 하고, 일단 속도가 붙은 다음에는 그 속도나 모멘텀을 유지할 수 있을 정도로만 편안하게 페달을 밟으면 된다는 것도 안다.

이를 통해 내린 최종 결론은 행동을 유지하기보다 행동을 시작하기가 훨씬 어렵다는 것이다. 그러니 일단 시작하자! 그럼 우리에게 필요한 것은 전부 우리에게 찾아올 것이다. 우리가 준비만 된다면 말이다.

목표 달성률을 높이는 다섯 가지 정신 법칙

물론 단순히 어떤 것을 바란다고 해서 그것을 받을 준비가 됐다는 뜻은 아니다. 그럼 언제 준비가 되는가? 일단 의식과 무의식의 역할을 이해할 필요가 있다. 우리가 하는 일, 우리 주위에서 벌어지는 일에 면밀히 주의를 기울이는 것이 의식이 하는 일이다. 의식이 우리를 둘러싼 상황들을 파악하면 우리는 거기에 부응해서 행동하고 반응할 수 있다.

하지만 우리의 임무를 완수하는 것은 의식이 하는 일이 아니다. 의식에게 하기로 돼 있지 않은 일을 하라고 강요할 수는 없다. 능력 밖의 일을 기대할 수도 없다.

목표 성취 과정은 의식의 차원에서만 진행되는 게 아니다. 우리는 우리가 해 나가고 있는 일을 의식하지 못하는 차원의 영향을 받기도 한다. 의식의 차원이 아닌 것, 창조 메커니즘은 바로 이 무의식의 차원에서 작동한다. 그래서 우리는 창조 메커니즘이 어떻게 돌아가는지 알 수가 없는 것이다.

물론 우리에게 필요한 것이 전부 찾아오리라는 보장은 어디에도 없다. 우리는 의식 아래서 무슨 일이 벌어지는지 모르지 않는가. 그래서 이 과정에는 신뢰, 믿음 그리고 신앙이 필요하다. 신뢰하고 믿어야만 예상치 못한 신호와 경이를 받을 수 있다.

《맥스웰 몰츠 성공의 법칙(Psycho-Cybernetics)》에서 맥스웰 몰츠는 성공적인 삶을 영위하게 하는 다섯 가지 정신 법칙을 통해 행동을 긍정적인 방식으로 통제하는 방법을 소개한다. 이 법칙을 이해하면 삶에서 얻는 결과들의 원인을 이해하는 데 도움이 되고, 결과를 바꾸는 데도 도움이 된다.

• 원인과 결과의 법칙

삶에서 일어나는 모든 사건과 결과에는 언제나 최초의 원인이 있는데, 우리가 경험하는 일들의 최초 원인은 언제나 우리의 사고방식이다. 따라서 삶을 바꾸고 싶다면 생각부터 바꿔야 한다.

• 통제의 법칙

주어진 상황이 전적으로 자기 자신의 책임임을 받아들일 수 있어야 그 상황을 바꿀 수 있다. 자신의 삶은 자신의 책임이라는 것을 받아들여야 삶의 여건들을 적극적으로 통제해 나갈 수 있다는 뜻이다. 마찬가지로 자신의 생각, 감정, 행동을 더욱 건강하게 바꾸고 싶다면 그것들이 자신의 책임임을 받아들여야 한다.

• 믿음의 법칙

우리의 현실은 우리의 믿음 위에 세워진다. 그런데 모든 믿음은 선택일 뿐 고정불변의 것이 아니다. 태어나면서부터 이런저런 믿음을 갖고 있는 사람은 없다. 믿음은 긍정적인 변화에 영향을 미치는 가장 강력하고 창조적인 힘이다. 뇌의 생각과 명령도 믿음에 기반을 두고 있다. 따라서 믿음은 완벽하게 각자의 선택에 달려 있는 것이다.

• 집중의 법칙

우리는 우리가 집중하는 것을 현실에서 많이 경험한다. 무엇에 집중하느냐는 완벽하게 각자의 선택에 달렸다. 우리의 의식이 성공을 지향하는지 실패를 지향하는지도 우리가 어디에 집중하느냐에 따라 달라진다. 먼저 바라는 것을 정신적으로 창조해야 물리적으로도 창조된다. 무엇에 집중하기로 선택하느냐가 무엇을 물리적으로 드러내느냐를 결정한다.

• 끌어당김의 법칙

우리는 의식 속에서 자라는 것을 삶 속으로 끌어당긴다. 생각
에서 파동이 나오고, 우리는 항상 우리의 파동과 어울리는 사람
과 환경만을 끌어당긴다.

이 다섯 가지 정신 법칙을 이해하고, 기억하고, 적용하는 사람
은 목표 달성률이 엄청나게 높아질 것이다.

그러나 결과는 자연스럽게 나올 때까지 기다려야 한다. 숙성
기간이 완료되기도 전에 과정을 몰아치거나 뭔가 되게 하려고 힘
을 쓰다 보면 스스로 스트레스를 받고 근심에 휩싸이고 좌절감을
느껴 결국 포기하기 쉽다. 따라서 스트레스와 근심에서 자유로우
려면 무의식이, 창조 메커니즘이 스스로 일하도록 둬야 한다. 이
창조 과정을 신뢰해야 한다. 신뢰가 무의식이 최고의 기량을 발
휘하는 조건이다.

실행하기에 가장 최적의 시간은
생각이 떠오른 순간이다

창조적인 사람들의 뇌를 연구하는 과학자들은 창조성과 긍정

적 사고 사이에 직접적인 상관관계가 있음을 밝혀냈다. 긍정적인 사람들은 목표를 성취할 때 저절로 광범위한 가능성들과 선택들을 고려한다. 긍정적인 태도는 본질적으로 다른 가능성들과 능력들에 대한 자신감을 내포하기 때문이다. 긍정적으로 사고하는 사람은 아이디어가 반드시 먹히는 이유를 찾지만, 부정적으로 사고하는 사람은 똑같은 아이디어라도 절대로 먹히지 않는 이유를 찾는다.

창조력을 끌어올리는 네 가지 방법

누구나 창조성을 강화할 수 있다. 몰츠는 우리 내면의 창조 메커니즘을 해방하고 활용하는 네 가지 방법을 제시한다.

- 일단 결정하면 뒤돌아보지 말고 그 결정을 밀고 나가는 데 초점을 맞춰야 한다.

적절하고 확고하게 결정하는 능력을 훈련하는 간단한 방법은 식당에서 메뉴를 고르거나 극장에서 영화를 고른 다음 다시 생각하지 않는 것이다. 다른 사람에게 의견을 물을 필요 없다. 스스로 결정하는 경험은 무의식에 자신이 확고한 결정을 내리는 사람이며 한 번 내린 결정에 대해서는 걱정하지 않는다는 강력한 메시지를 보낼 것이다.

- 미래에 대해서, 앞으로의 목표와 과제에 대해서 생각할 시간을 가져야 한다.

미래에 대해 생각하는 것은 목표를 세우고 의미 있는 삶을 사는데 없어서는 안 될 중요한 부분이다. 그러나 무의식은 현재의 순간에 초점이 맞춰질 때 가장 성공적으로 작동한다.

꿈을 계발하는 데 시간을 들이되, 내일을 위해 인생을 통째로 소비하지는 말자. 미래를 구상하는 일은 일정한 시간을 따로 떼어 놓고 오직 그 시간에만 한정해서 해야 한다. 나머지 시간에는 의식을 전적으로 현재의 순간에 집중하는 습관을 길러야 한다. 우리의 창조 메커니즘은 언제나 현재를 위해서만 작동하기 때문이다.

내일 일은 걱정하지 말자. 예기치 못한 상황이나 환경에 어떻게 반응할지 걱정할 필요 없다. 현재의 순간을 만끽하자. 당신의 무의식이 고마워할 것이다.

- 걱정이나 불안, 혼란을 일으키는 흔한 원인 중 하나는 한꺼번에 너무 많은 일을 하려 하는 습관이다.

이는 불가능한 일을 하려는 시도이기 때문에 당연히 긴장과 좌절이 따른다. 우리는 어떤 일을 하면서도 지금 해야만 하는 또 다른 일을 생각하거나 긴 할 일 목록에 추가해야 할 온갖 일에 마음을 빼앗긴다. 하지만 아무리 최선을 다한다 해도 우리는 한 번에 하나의 일밖에 할 수가 없다.

이 사실을 받아들이고 나면, 진심으로 인정하고 나면 스트레스와 긴장이 스르르 녹기 시작하는 것을 느낄 수 있을 것이다. 당장 눈앞에 있는 일에만 온전히 집중하자. 한결 느긋해지고 무의식이 더욱 효과적으로 일하게 될 것이다.

• 창조 메커니즘의 내적 자원을 활용하자.

의식적으로 문제에 골몰해서 해결책이 찾아지기도 하지만, 때로는 골몰할수록 답이 없다는 게 명백해 보여 좌절감만 깊어지기도 한다. 이럴 때는 마음속에서 그 문제를 몰아내고 하룻밤 자고 나서 다시 생각하는 것이 좋다.

우리의 창조 메커니즘은 아무 간섭 없이 혼자 일할 때 최고의 기량을 발휘한다. 그런데 잠자는 동안에는 의식의 방해를 받지 않는다. 잠잘 때나 샤워할 때 이따금 최고의 아이디어들이 떠오르는 것도 바로 이 때문이다. 긴장이 풀어지고 의식이 덜 끼어드는 것이다. 따라서 무의식이 놀라운 대답을 선사할 수 있도록 해야 한다.

에이브러햄 링컨은 이렇게 멋지게 말했다.

"하고자 하는 일을 정하라. 그럼 어떻게든 그 일을 할 수 있는 방법을 찾게 될 것이다."

그리고 조지 패튼 장군은 이렇게 말했다.

"사람들에게 일을 어떻게 해야 하는지 알려 주지 말고 무엇을 해야 하는지 말하라. 그럼 그들이 창의력을 발휘해 우리 모두를 깜짝 놀라게 할 것이다."

이 두 가지 조언은 우리와 무의식의 관계에도 똑같이 적용된다. 바라는 것이 무엇인지 말하고, 무의식이 창의력을 발휘해 우리를 깜짝 놀랄 수 있게 해야 한다.

열망하는 것을 얻을 수 있다고 믿을 때 우리는 비로소 그것을 얻을 준비가 된다. 열린 마음과 믿음은 준비의 필수 요소다. 그리고 진정으로 준비가 됐을 때 열망하는 그것이 비로소 모습을 드러낸다. 계속 꿈꾸고 믿어 보자. 곧 얻을 준비가 될 것이다.

베스트셀러 저자이자 동영상 강의 〈시크릿〉의 스타 중 한 명인 밥 프록터도 실천의 중요성을 이렇게 강조한다.

"지혜의 말을 아무리 많이 읽고 기억한다고 해서 성공하는 것은 아니다. 중요한 것은 그것을 이해하고 실제로 적용하는 것이다."

어떤 생각을 행동에 옮길 최적의 시간은 그 생각이 떠오른 순간
이다. 그러니 지금 당장 행동하자. 그럼 실천한 자신이 뿌듯해질
것이다.

당신에게 확신을 주는
성공 노트 8

- 행동이 없는 믿음은 죽은 믿음이다.

- '모든' 정보가 모일 때까지 기다리지 말자. 결정을 내리는 데는 '충분한' 정보만 있으면 된다.

- 행동을 유지하기보다 행동을 시작하기가 훨씬 어렵다. 그러니 일단 시작하자.

- 내일 일은 걱정할 필요 없다. 예기치 못한 상황이나 환경에 어떻게 반응할지 걱정하지 말자. 현재의 순간을 만끽하자.

- 당장 눈앞에 있는 일에만 온전히 집중하자. 한결 느긋해지고 무의식이 더욱 효과적으로 일하게 될 것이다.

· 아홉 번째 비밀 ·

불안을 알아야 용기 내는 법도 안다

두려움

두려움을 몰아내고 나면
대단히 놀라운 일들이 일어날 것이다.

—

노먼 빈센트 필

두려움에 굴복하지 말고
두려움을 정복하자

우리가 날 때부터 갖고 있던 두려움은 몇 안 된다고 한다. 추락의 두려움이나 시끄러운 소음의 두려움 정도가 전부다. 그 밖의 모든 두려움은 자라면서 배운다. 실패의 두려움이나 거부의 두려움, 심지어 성공의 두려움까지도 말이다. 내 생각엔 인생의 가장 몹쓸 적은 두려움이다. 두려움에 짓눌려 하고 싶은 일을 곧잘 포기하고, 더욱 온전하고 신바람 나는 삶을 살지 못하기 때문이다.

의심은 두려움의 가장 가까운 사촌이면서 두려움보다 앞선다. 우리는 태어날 때는 의심을 전혀 갖고 있지 않다가 살아가면서 점점 버릇을 들이게 되는데, 의심을 곱씹고 거기에 굴복하다 보면 그 의심이 두려움이 된다.

그 옛날 성서의 저자 야고보는 자신의 편지에서 의심이 우리를 무력하게 만든다고 경고했다.

"의심을 품는 사람은 바람에 밀려 흔들리는 바다 물결 같습니다. … 마음이 헷갈려 행동이 불안정합니다."

신앙과 두려움은 미래를 보는 정반대의 관점이다. 그렇기 때문에 그 둘은 공존할 수 없다. 나는 언젠가 지그 지글러가 마크 트웨인의 이런 말을 인용하는 얘기를 들은 적이 있다.

"진정한 용기는 두려움이 없는 것이 아니라 두려움을 정복하는 것이다."

두려움 때문에 힘겹고 만족스럽지 못한 삶을 사는 사람들과 마찬가지로 세계적인 성취자들도 많은 두려움을 안고 산다. 다만 그들은 두려움에 정복당하지 않고 두려움을 정복하는 방법을 알고 있을 뿐이다. 오히려 그들은 상대적으로 훨씬 큰 무대에서 활동하기에 보통 사람들보다 훨씬 큰 두려움에 직면해야만 한다.

사람들은 두려움과 의심뿐만 아니라 스트레스도 겪는데, 더러는 일상적으로 시달리기도 한다. 문제는 스트레스가 우리의 몸과 뇌를 망가뜨린다는 점이다. 모든 질병의 최고 70퍼센트가 스트레스에서 기인한다. 스트레스를 심하게 받으면 건망증도 심해진다. 사고 자극이 멈춰서 단기 기억에서 장기 기억으로 넘어가지 못하기 때문이다. 스트레스의 정체와 원인에 대해 좀 더 잘 이해한다면 우리는 그것을 대폭 줄이거나, 어쩌면 다시는 나타나지 못하게 할 수도 있을 것이다.

명심하자. 스트레스는 부정적인 시각화일 뿐이다. 따라서 긍정적인 시각화를 훈련하면 스트레스를 관리할 수 있고, 나아가 삶의 질도 관리할 수 있다. 필요하다면 연기라도 해야 한다. 평온하고 스트레스 없는 사람인 척 행동하자. 어떻게 해서든 부정적 생각들이 발화되는 것만 막으면 된다. 억지로라도 느긋하고 평온한 사람인 척 연기하다 보면 그런 사람이 될 것이다. 스트레스를 없애면 질병을 일으키는 원인 70퍼센트를 없애는 셈이다.

반드시 알아차려야 할
감정의 경고 신호

부정적인 감정은 우리 몸이 보내는 경고 신호다. 《맥스웰 몰츠 성공의 법칙(Psycho-Cybernetics)》에 소개된 다음의 감정들에 매달리기로 선택하는 순간 성공이 가물가물 멀어져 간다는 신호가

들어온다.

• 욕구 불만

욕구 불만은 어떤 중요한 목표가 실현되지 않거나 강한 열망이 충족되지 못할 때 일어나는 감정이다. 자신이 만성적인 욕구 불만이라고 생각한다면 스스로 정한 목표를 다시 점검하길 바란다. 목표가 비현실적이거나 그 목표를 성취하는 자아 이미지가 불충분할 수 있다. 또는 이 두 상태 모두에 해당될 수도 있다.

• 불안감

불안감은 자신이 반드시, 언제나 완벽해야 한다는 생각에서 나온다. 불안한 사람은 자신이 항상 행복하고 안정되고 성공적이어야 한다고 여긴다. 물론 모두 가치 있는 목표지만, 항상 전부 가질 수는 없다.

• 고독감

고독감은 우리 모두가 때때로 경험하는 자연스러운 감정이다. 하지만 만성적인 고독감은 스스로 결핍과 실패에 초점을 맞추고 있다고 뇌와 우주에 보내는 신호다. 이럴 때 우리는 삶에서 소외되고 주위 세계로부터 분리됐다고 느낀다.

• 불확실성

불확실성은 실수와 책임을 회피하는 한 방법으로, 우리를 제자리에서 오도 가도 못하게 할 수 있다. 여기에는 결정을 내리지 않으면 어떤 잘못도 저지르지 않으리라는 그릇된 전제가 깔려 있다. 실수를 두려워하는 사람에게는 의사 결정이 그야말로 사느냐 죽느냐의 문제가 돼 버린다.

• 공허

공허는 자신의 성취가 속이 텅 비어 있다고 느끼는 감정이다. 이런 사람은 목표를 정하고 성취하는 모든 과정의 본래 목적이 삶을 즐기는 데 있다는 것을 잊어버린 사람이다. 과정을 즐길 줄 모르면 결국 지나온 시간과 모든 노력이 부질없다는 느낌에 빠진다. 이런 경우에는 재산이나 그 밖의 물질적인 어떤 것으로도 성공이나 행복을 경험하지 못한다. 삶이 텅 비어 버린 느낌은 창조적이지 못한 삶의 징후다. 이외에 부적절하거나 초라한 자아 이미지에 시달리는 경우에도 공허함을 느낄 수 있다. 목표를 성취하고도 스스로 그 열매를 누릴 자격이 안 된다고 느끼면 성취를 하더라도 빈껍데기에 불과하며, 자아 이미지에도 어긋난다.

• 분노

분노는 자신의 성공을 다른 이의 성공과 비교할 때 생기는 감정이다. 이런 사람은 자신이 삶에서 거스름돈을 덜 받은 양 불공평한 대우를 받거나 정당한 대가를 얻지 못했다고 생각한다. 그리고 이런 분노를 자신의 실패를 정당화하는 핑곗거리로 이용하면서 자신을 희생양이라고 인식한다.

이런 부정적인 감정들은 자신만이 아니라 주위 사람들, 우리가 가장 사랑하는 사람들에게까지 영향을 미친다. 성마르고, 무례하고, 뒷말 많고, 폭력적인 것도 다 부정적인 생각에서 나온 감정들이다. 따라서 부정적인 감정을 이해하면 그 감정을 일으키는 생각을 멈출 수 있고 그 정신 에너지를 더욱 생산적이고 유익한 방식에 사용할 수 있다. 부정적인 감정들은 창조적인 목표 성취에 부합하지 않는다. 부정적인 감정을 느낄 때 우리는 삶에 수동적으로 끌려가기 때문이다. 우리가 삶을 통제하는 게 아니라 환경이 우리를 통제하기 때문이다.

불안이 두려움으로
번지지 못하게 하자

부정적인 생각이나 감정은 의식적인 노력이나 의지만으로는 뿌리 뽑히지 않는다. 오로지 긍정적인 감정으로만 대체될 수 있다. 달갑지 않은 감정이 찾아오면 거기에 집중하지 말자. 즉시 긍정적이고 유익한 이미지로 주의를 돌려야 한다. 긍정적인 이미지에 한동안 집중하고 나면 부정적인 감정은 증발하고 그 자리에 긍정적이고 유익한 감정이 차오를 것이다.

하지만 아무리 긍정적으로 느끼려고 마음을 굳게 먹어도 우리는 이내 두려움과 의심에 빠져들고 만다. 이런 자연스러운 경향은 어디서 나오는 걸까? 우리의 진화에서 나온다. 우리는 우리의 진화와 맞서 싸우는 중인 것이다. 우리 뇌에는 우리를 안전하게 지키는 것을 주요 기능으로 하는 메커니즘이 있다. 바로 '편도체'다. 편도체는 우리를 '똑같은 상태'로 유지하려고 쉼 없이 일하며 우리의 안전을 지킨다.

나를 보호하는 편도체라는 안전지대

그 옛날 인류가 출현했던 초기 시대로 돌아가 보면 위험에 노출되지 않은 사람들은 살 가망이 높았고, 포식자와 바깥 세계의 위험에 직면했던 사람들은 죽을 확률이 높았다. 그러니까 최악의 상황을 예상한, 바깥 세계를 두려워한 사람들이 생존에 더 유리했다는 얘기다.

그런데 이 편도체가 아직도 우리 진화의 일부인 것이다. 편도체는 우리를 안전하게 지켜 준다는 점에서는 친구지만, 성취에 있어서는 원수도 그런 원수가 따로 없다. 우리가 변하기 시작하면 편도체는 우리를 원래대로 돌려놓기 위해 화학적 자극들을 내보내고 부정적인 생각들을 마구 방출한다. 그러니 우리가 의식적으로 하는 생각의 대략 80퍼센트가 부정적인 생각일 수밖에 없다.

사실 우리로서는 이런 일이 일어나고 있다는 것을 자각할 수도 없다. 전부 무의식의 차원에서 벌어지는 일이고, 의지력과 열망은 편도체에 도달하지도 못하기 때문이다. 편도체는 우리를 똑같은 상태로 유지시킬 수만 있다면 무슨 수든 다 쓸 것이다. 변화가 우리에게 해로울 것이라는 잘못된 믿음 아래 말이다. 그래서 우리가 안전지대를 벗어나려고만 하면 불안하고 불편한 느낌, 스트레스가 저절로 나타나기 시작하는 것이다.

우리에게는 이미 이 부정적 지시기가 내재돼 있다. 그것이 뇌가 우리에게 위험 가능성을 알리는 수단이다. 심지어 자동차도 부정적 상황을 알리는 지시기들을 달고 있지 않은가? 연료가 바닥났다고 알리거나 엔진에 이상이 생겼다고 알리거나 하는 것들 말이다. 이 신호들을 무시하면 자동차는 결국 퍼져 버리거나 아예 결딴이 난다.

하지만 이 신호들에만 계속 초점을 맞추면 문제를 바로잡기 위한 행동을 취하지 못하고 우물쭈물하게 된다. 긍정적인 조치를 취해야 문제를 바로잡을 수 있는데 말이다. 계기판에 빨간불이 켜졌다고 해서 자동차 자체에 결함이 있다는 뜻은 아니다. 그저 바로잡을 조치가 필요하다는 뜻이다. 조치만 취하면 차는 다시 최적의 상태가 된다.

매일매일 불편한 것에 편해지자

우리는 셀 수 없이 많은 부정적 지시기를 직면한다. 이런 진화의 자연스러운 일부와 우리는 어떻게 싸워야 할까? 간단하다. 꾸준히, 매일매일 안전지대 밖으로 발을 내디디면 된다. 변화하고 성장하길 바란다면 스스로에게 자연스럽지 않은 일을 해야 한다. 불편한 것에 편해지자. 불편하고 불안할 때 즐거워하자. 그런 느낌이 든다는 것은 우리가 안전지대 밖으로 벗어났음을 편도체가 눈치 챘다는 뜻이기 때문이다. 우리가 성장 궤도에 들어섰다는 뜻이다.

하지만 안전지대를 벗어나면서 이 불편함의 정체를 인식하지 못하면 이 느낌은 바이러스처럼 빠르게 퍼져 두려움이 될 수도 있다. 극심한 두려움은 사고 자극의 흐름을 끊는다. 우리는 그대로 얼어붙어서 하려던 일을 완수할 수가 없다. 어둠 속에 있던 사슴은 자동차가 헤드라이트를 치켜뜨고 달려오면 도로 한가운데 그야말로 얼어붙어 버린다. 생각이 멈춰서 움직일 수가 없는 것이다.

통계학과 과학에 의하면 우리가 걱정하는 일들의 97퍼센트가 실제로는 절대로 일어나지 않는다. 그럼 그 많은 걱정들은 다 어디서 오는 걸까? 편도체다. 진화가 그렇게 하도록 돼 있다. 하지만 그런 진화는 우리가 바꾸지 않으면 결점에 불과하다. 진화에 맞서 싸우자. 부정적인 이미지와 생각에 끼어들어 그것이 절대로 완성되지 못하게 하자. 그 앞에 뛰어들어 제지하고 긍정적인 이미지와 생각으로 뒤집어야 한다.

편도체에서는 우리의 행동을 가로막는 화학 물질들이 자동으로 발포된다. 물론 의식적으로는 통제되지 않는 작용이다. 의식은 편도체에 닿지도 못하고, 편도체는 의식이 하는 얘기를 듣지도 못하기 때문이다. 그래서 우리는 우리의 안전지대를 벗어날 때 불편한 느낌의 정체를 알아차려야 하고, 불편한 느낌에 뒤따르는 부정적인 생각들을 제어할 수 있어야 한다. 불편함과 불안이 두려움으로 번지지 못하게 해야 한다.

우리가 하는 거의 모든 생각은 무의식 차원에서 이뤄지는 습관이다. 습관적인 생각이라는 얘기다. 성공하기 위해서는 자신의 부정적인 사고 습관을 알아차려야 한다. 그리고 더욱 긍정적이고 생산적인 사고 습관을 새로 들여야 한다.

당신의 머릿속을
지배하는 개미들

다니엘 G. 에이멘 박사는《그것은 뇌다(Change Your Brain, Change Your Life)》에서 이런 자동화된 부정적 생각(Automatic Negative Thoughts)을 개미(ANTs)라고 썼다. 또 이 개미들이 어떻게 거짓말로 우리의 상황을 실제보다 나쁘게 말하는지 개미들을 없애려면 어떻게 해야 하는지 아홉 가지 방법으로 제시한다.

부정적인 생각을 없애는 아홉 가지 방법

• 항상/절대로 사고

이 유형은 우리가 이미 일어난 일이 앞으로도 '항상' 반복될 거라고, 또는 자신이 원하는 것을 '절대로' 얻지 못할 거라고 생각한다. 가령 "이 일이 절대로 될 리가 없어", "나한테는 항상 아무도 전화를 안 해", "그는 절대로 내 말을 듣지 않아" 같은 생각들이다.

이 유형의 사고는 워낙 부정적이어서 저절로 기분 나쁜 감정을 불러일으킨다. 이런 식의 생각이 떠오르면 즉시 멈추고서 그 생각이 사실이 아닌 예들을 생각해야 한다.

• 부정적 측면에 초점을 맞추는 사고

이런 유형은 주어진 상황에 대해 유독 나쁜 측면만 곱씹는다. 좋은 점은 다 제쳐 두고서 부정적인 상황에만 초점을 맞추는 것은 불필요하게 부정적인 감정을 불러일으킨다. 긍정적인 측면을 찾아보자. 그럼 균형 감각과 낙관적인 관점이 생길 것이다.

• 점쟁이식 사고

점쟁이식 사고는 가능한 최악의 결과를 예견하는 생각이다. 부정적인 상황을 예측하는 것은 그런 일이 실제로 일어나게 도울 뿐만 아니라 충분히 기분 좋을 수 있었던 상황을 미리 망쳐 버리는 결과를 낳는다. 누구도 내일 일을 정확히 내다볼 수 없음을 기억하자.

• 독심술 사고

부정적인 독심술은 다른 사람이 자신의 생각을 말한 적이 없는데도 스스로 그의 생각을 안다고 확신하는 생각이다. 이를테면 "그 애는 나한테 화가 나 있어", "그는 나를 좋아하지 않아" 같은 것들이다. 하지만 우리는 타인의 마음을 읽지 못한다. 모호한 부분이 있을 때는 상대방에게 직접 물어봐서 명확히 확인해 보자.

• 느낌으로 하는 사고

자신의 부정적인 생각을 의심도 없이 믿어 버릴 때 우리는 느낌으로 사고한다고 볼 수 있다. 이럴 때 우리는 이렇게 말한다.

"이게 맞는 것 같아. 그러니까 틀림없이 맞을 거야."
"실패자가 된 기분이야."
"난 정말 멍청한 것 같아."

하지만 느낌은 항상 진실만을 말하지 않는다. 부정적인 느낌이 강하게 들 때 그 느낌의 근거와 원인이 무엇인지 검증해 보

자. 그렇게 느낄 만한 실질적인 근거가 있는가? 혹시 과거 경험에서 나온 느낌은 아닌가? 느낌의 정체를 엄밀히 따져서 그 타당성을 판단해 봐야 한다.

- 죄책감에서 나오는 사고

죄책감은 도움이 안 되는 감정으로, 스스로 원하지 않는 일을 하게 만들 때가 많다. "해야만 해", "안 하면 안 돼" 같은 표현들은 모두 죄책감에 뿌리를 둔 말들이다. 인간의 본성상 우리는 뭔가를 해야만 한다는 생각이 드는 순간 곧바로 하기가 싫어진다. 그러므로 죄책감 서린 말들을 좀 더 유익한 말로, 이를테면 "하고 싶어", "하면 도움이 되겠어", "할 거야" 등으로 바꾸는 게 좋다. 죄책감은 생산적이지 못하다. 죄책감을 날려 버리자.

- 이름표를 붙이는 사고

이 유형은 자기 자신이나 타인에게 부정적인 이름표를 붙인다. 이럴 때 우리의 상황을 명확하게 보는 능력이 자동으로 멈춰 버린다. '멍청이', '게으름뱅이', '무책임한 인간' 등과 같은 이름표를 멀리하자. 자기 자신에게도, 타인에게도 말이다.

- 개인화하는 사고

이 유형의 사고는 서로 상관없는 두 가지의 사건을 같이 묶어서

하는 생각이다. "그가 오늘 아침에 나를 안아 주지 않았어. 나한테 화가 난 게 틀림없어" 같은 식이다. 하지만 실제로는 누가 어떤 행동을 왜 하는지 우리는 완벽하게 이해할 수 없다. 타인의 행동을 자신과 관계된 것으로 개인화하지 말자.

- 비난하는 사고

비난은 대단히 해롭다. 자신의 삶과 관련해 다른 사람이나 상황을 비난할 때 우리는 환경에 좌우되는 수동적인 피해자가 되기 때문이다. 자신의 환경이 전적으로 자기 책임임을 받아들이지 않는 한 우리는 환경을 바꾸기 어렵다.

"내 잘못이 아니었어."
"그건 그 사람 책임이야."

이런 식으로 비난하는 것은 오히려 자기 유능감을 훼손할 뿐이다. 삶을 바꾸려면 삶이 전적으로 자기 책임임을 인정해야 한다.

의심은 진실을 회피할 때 생긴다

습관을 바꾸려면 생각부터 바꿔야 한다. 새로운 습관이 생길 정도로 뇌에 새로운 사고 체계가 자리 잡으려면 최소한 21일이 걸린다. 어떤 일이 일단 습관이 되면 편도체는 더 이상 불안하고 불편한 느낌을 내보내지 않는다. 우리가 그 일을 하는 동안에는 활동하지 않는 것이다. 성공하는 사람들은 끊임없이 새로운 일에 도전한다. 방법을 알건 모르건 안전지대를 넘어서는 것이다. 삶을 바꾸기 위해서 새로운 습관을 들이고 싶다면 '개미들'을 막아야 한다.

목표를 성취하는 과정이 불편하게 느껴질수록 우리는 더 많이 성취하게 될 것이다. 안전지대를 벗어나는 습관을 들이자. 매일 뭔가 새로운 일을 하자. 끊임없이 안전지대를 확장하자. 새로운 발전의 기회를 찾기 위해서라면 비판과 대립까지 각오해야 한다. 그럼 목표가 얼마나 빨리 이뤄지기 시작하는지 스스로 놀라게 될 것이다.

《믿는 만큼 이루어진다(You Can If You Think You Can)》에서 노먼 빈센트 필은 두려움과 의심을 정복하는 처방전을 내놓는다.

"두려움을 몰아내는 것은 믿음이다. 세상에 믿음보다 강한 힘은 없기 때문이다. 두려움을 몰아내고 나면 대단히 놀라운 일들이 일어날 것이다. … 마음의 주도권을 차지하기 위해 싸우는 두 가지 강력한 생각의 힘이 있다. 두려움과 믿음인데, 믿음이 훨씬 강하다. 믿음의 위대한 힘에 단단히 매달려라. 믿음이 성공과 실패를 가를 수 있기 때문이다."

전설의 골퍼 잭 니클라우스는 두려움이 아닌 열망의 힘으로 동
기를 찾는 대표적 인물이다. 그는 오로지 눈앞의 과제에만 마음
을 쓰고 부정적인 자기 대화는 결코 하지 않는다. 그가 성공한 인
생을 사는 것은 현재에, 당장 필요한 일에 오롯이 초점을 맞추는
놀라운 능력 덕분이다.

그는 우리가 믿음을 갖고 주어진 일을 잘 해내려고 집중할 때
그 믿음이 배가 된다는 것을 알고 있다. 그렇게 할 때 기회가 형체
를 드러내고 더욱 풍부해진다는 것도 알고 있다. 그는 위기의 순
간을 기회로 만든다. 마음속으로 성공을 보기 때문에 실패 가능
성을 무시할 수 있다. 또 그는 눈앞의 과제에 고도로 집중하고 자
신이 바라는 결과를 정확히 시각화함으로써 과거의 실패 경험을
의식적으로 잊어버린다.

두려움은 미래 상황에 대한 자신의 인식일 뿐임을 반드시 기억
하자. 앞에서 한계 짓는 믿음에 대해 설명했듯이 인식이라는 것
은 진실에 근거를 두지 않을 수도 있다. 두려움과 관련해서도 대
개가 그렇다. 두려움(FEAR)이 '진짜처럼 보이는 가짜 증거(False
Evidence Appearing Real)'의 약어라는 말도 있지 않은가!

일례로, 누군가 개인 사업을 시작하려고 하는데 두려워서 엄두
를 못 내고 있다고 가정해 보자. 그 망설임의 이면에는 '사업이 실

패할지도 모르고 그럼 뭘 먹고 사나' 하는 인식이 깔려 있을 것이다. 그리고 이런 생각은 집과 차마저 잃게 될지 모른다는 더 절망적인 인식으로도 이어질 것이다. 물론 이런 일들이 실제로 일어나리라는 증거는 어디에도 없다. 그의 인식 속에만 있을 뿐이다. 그런데도 두려움에 사로잡힌 이상 그는 그토록 해 보고 싶었던 사업을 영영 시도조차 하지 못할 게 뻔하다.

세계적인 성취자들이 두려움과 의심을 정복하는 방법은 그런 감정을 직면하고, 마주보고, 상황에 객관적인 지식을 대입하는 것이다. 두려움과 의심은 대개 실제 사실과 진실에 무지하거나 회피할 때 생기기 때문이다. 옛말에 이런 말이 있다.

"두려워하는 일을 하라. 그럼 두려움이 사라질 것이다."

얼마나 위력적인 말인가. 의심하는 사람은 결코 성공하지 못하고, 성공하는 사람은 결코 의심하지 않는다.

의심에서 벗어나고 싶다면 당신의 뇌를 속일 것

의심이나 두려움 또는 스트레스는 무의식에 기록되고, 무의식의 언어는 몸의 느낌을 통해 표현된다. 불행하게도 부정적인 감정이 한동안 지속될 경우에는 몸에서 물리적 통증으로 나타나기도 한다.

실제로 만성 통증은 주위에서 흔하게 찾아볼 수 있는 증상이다. 미국에서만도 5,000만 명 이상이 이 증상에 시달린다. 물리적 통증은 뇌가 원활하고 성공적으로 기능하는 것을 심각하게 저해하는데, 그중에서도 만성 통증은 뇌 물질을 감소시키고 뇌세포 생성에도 나쁜 영향을 미친다. 믿기 어려울지도 모르지만, 통증은 사실 뇌에 있는 것이지 몸에 있는 것이 아닌 셈이다. 뇌는 과도하고 만성적인 스트레스를 우리 건강과 안녕에 이롭지 못한 방식으로 처리한다. 그래서 해소되지 못하고 곪아 버린 만성 스트레스는 우리 몸에서 암으로, 고혈압으로, 중독으로, 그 외 체력을 약화시키는 다양한 질병과 잔병들로 나타난다.

환지통이라는 게 있다. 신체 일부가 절단된 후 잘려 나간 부위에서 실제 고통이 느껴지는 증상이다. 이를 치료하기 위해 과학자들은 거울 상자를 만들어 환지통 환자가 그 안에 온전한 팔이나 다리를 집어넣으면 거울에 반사돼 사라진 팔다리가 실제로 있는 듯 보이게 만들었다.

이 상자를 매일 15분 동안 세 번씩 3~4주 동안 이용한 환자들은 환지통에서 벗어났다. 상자 속에서 멀쩡한 팔이나 다리를 움직여 완벽한 한 쌍의 팔다리가 움직이는 듯 보이게 했을 뿐인데 말이다. 거울은 무의식을 속여 사라진 팔다리가 아직 '있다'고 믿게 한 것이다. 무의식은 고통이 존재하던 원인을 더는 보지 못했다. 그렇게 3~4주가 지나니 환지통이 사라졌다.

과학자들은 통제 집단 환자들에게도 같은 기간 동안 같은 활동을 하게 했다. 단, 상자 안에 거울만 부착하지 않았다. 3~4주가 지났는데도 이들은 여전히 환지통을 겪었다.

그러니 통증을 줄이고 싶다면 뇌를 제압해야 한다. 뇌에 자극을 과도하게 주거나 주의를 딴 데로 돌리면 통증이 확연하게 줄어들 것이다. 뇌는 오로지 현재의 순간에만 초점을 맞출 수 있다. 물리적 통증을 겪을 때는 다른 자극으로 초점을 돌리자. 뇌를 속여 통증이 사라졌다고, 사라질 거라고 믿게 하는 것이다.

걱정과 믿음은 동전의 양면이다. 우리가 어느 면에 초점을 맞추기로 선택하느냐에 달려 있다. 걱정 측면에 초점을 맞출 때 우리는 바라지 않는 결과가 미래에 일어나는 것을 머릿속에 그린다. 여기에는 어떤 노력이나 의지력이 들지 않는다. 이미지가 절로 마구 떠오른다. 그런 결과가 나타나길 바라지 않으면서도 우리는 그 결과를, 행여 일어날지 모를 가능성을 곱씹고 또 곱씹는다. '결국 이렇게 될지도 몰라'라는 생각을 계속 반복 재생한다.

걱정은 부정적인 시각화에 지나지 않는다. 강조했다시피 무의식은 우리가 생각하는 모든 것을 실제라고 받아들인다. 그런데 이 무의식이 뇌의 사고 능력에서 차지하는 비율이 80퍼센트가 넘는다.

걱정이 우리의 말에 의미를 부여하기 시작한다. 이 끊임없는 반복이, 바라지 않는 결과를 끊임없이 재생하는 것이 그 결과를 마음의 눈에 점점 더 생생하고 진짜처럼 보이게 한다. 그리고 곧 걱정에 수반되는 감정들이 떠오르기 시작한다. 두려움, 불안, 스트레스 낙담 등 우리가 계속 상상하던 부정적인 이미지에 완벽하게 들어맞는 감정들인 것이다.

우리의 신경계는 진짜 실패와 걱정을 상상 속 실패와 걱정과 구분하지 못한다. 그래서 실패를 아주 생생하고 구체적으로 상상하면 몸이 그 느낌을 물리적으로 표출한다. 그런 생각들이 일상적으로 지속될 경우 병이나 탈이 나는 것은 자연스러운 결과다.

하지만 다행히도 우리는 동전을 뒤집을 수 있다. 바람직하지 않은 결과에서 바라는 결과로 뒤집을 수 있는 것이다. 이 새로운 결과를 이전에 그렸던 결과, 즉 바람직하지 않던 결과만큼이나 생생하게 상상해 보자. 이 긍정적 이미지를 이전의 부정적 이미지만큼이나 자주, 마구 반복 재생해야 한다. 드높은 성공을 바란다면 드높이 성공하는 모습을 봐야 한다. 부정적 이미지가 떠오르라치면 즉시 멈추고 긍정적 이미지로 전환하자. 걱정스러운 느낌과 생각은 깡그리 무시하는 게 상책이다. 그런 생각에 귀 기울이지 말고, 즉시 자신이 바라는 것으로 주의를 돌리자.

머지않아 이 새롭고 바람직한 이미지에 긍정적인 감정이 따라

붙을 것이다. 열정과 기쁨, 활력, 신바람, 행복 등 성공하는 이미지들을 불러내고 떠올려 보자. 그럼 이런 감정들이 저절로 생겨날 것이다.

행복은 보상이 아니라
선택이다

삶을 더욱 주도적으로 경영하고 싶다면 긍정적인 태도를 길러야 한다. 로버트 루이스 스티븐슨 말마따나 "행복해하는 습관은 인간이 외부 조건의 지배로부터 자유로워질 수 있는 또는 대체로 자유로워질 수 있는 비결"이기 때문이다. 자신 있다고, 성공한다고 느낄 때 우리는 성공하는 행동을 한다.

먼저 위협이나 문제가 되는 일에 긍정적이고 적극적으로 반응하는 습관부터 들여 보자. 또 어떤 상황이 닥치든 흔들림 없이 목표에 초점을 맞추는 습관도 중요하다. 이것이 삶을 주도적으로 경영하는 방법이다. 현실에서만이 아니라 우리는 상상 속에서도 긍정적이고 적극적인 태도를 훈련할 수 있다. 두려움과 의심을 너끈히 잘 처리하고 있다는 강력한 메시지를 무의식에 보내는 것이다.

자기 자신이 긍정적인 행동과 결정을 통해 문제를 해결하거나 목표를 성취하는 모습을 상상해 보자. 위기를 행동의 방아쇠로 바꾸는 것이다. 목표만을 바라보고 목표만을 마음에 품으면 위기가 그 자체로 자극제가 돼 목표 성취를 위해 필요한 보충 에너지와 힘을 방출할 것이다. 위기로 찾아왔다가 기회로 바뀌어 목표에 성큼 다가가게 해 주는 사례들이 얼마나 많은가?

행복은 어쩌다가 얻어 걸리는 그런 것이 아니다. 사람 가려 가며 누구에게는 찾아가고 누구에게는 찾아가지 않는 것이 아니다. 행복은 동사다. 행복하려면 행복하겠다는 의식적인 결정이 필요하다. 행복이 찾아와 주기를, 우리 집 문 앞에 당도해 주기를 계속 기다리는 사람은 아마도 아주 오래 기다려야 할 것이다. 행복의 조건으로 먼저 처지가 나아지기를, 삶이 완벽해지기를 기다리는 사람은 아마도 영원히 기다려야 할 것이다.

우리는 스스로 행복을 만들 수 있다. 생각과 자아 이미지를 선택할 수 있기 때문이다. 희소식이지 않은가? 행복이 전적으로 나에게 달려 있다니! 동전의 어느 면에 초점을 맞추느냐는 우리 각자의 선택이다. 무의식은 둘 중 한 면에 초점을 맞출 수는 있지만, 우리가 주입한 자료와 정보에 의문을 제기하지는 못한다. 그저 정보를 처리하고 그에 따라 반응할 뿐이다. 그래서 실패 메커니즘으로 작동할 수도 있고, 성공 메커니즘으로 작동할 수도 있다.

그래서 우리는 행복할 수도 있고, 슬플 수도 있다. 이 모든 것이 우리가 무의식에 제공하는 자료, 무의식에게 설정해 준 목표에 달려 있는 것이다. 무의식의 메커니즘은 무조건 목표를 위해 분투하는 메커니즘이다. 어느 쪽으로 분투하게 할지는 전적으로 우리 각자가 결정할 몫이다.

우리는 행복하고 기분이 좋을 때 더 잘 생각하고 느끼고 배우고 일한다. 몸도 우리 마음 상태가 긍정적일 때 더 잘 기능한다. 위, 심장, 간 등 내장 기관까지도 우리가 행복할 때 최적의 기능을 발휘한다. 유쾌한 마음 상태가 더 나은 신체 기능을 촉진한다는 사실은 이미 과학 연구를 통해서도 누차 입증됐다.

러시아 심리학자 케크체예프는 사람들이 즐거운 생각을 할 때와 불쾌한 생각을 할 때 신체 기능이 어떻게 달라지는지 실험했다. 그 결과, 불쾌한 생각을 했을 때보다 즐거운 생각을 했을 때 보고, 듣고, 맛보고, 만지는 감각이 더 강화됐다.

사람들은 대부분 자기도 모르게 실패를 목표로 세운다. 끊임없이 부정적인 이미지와 실패의 두려움에 매달리면서 자신이 어째서 원하는 삶을 살지 못하는지 의아해한다.

하지만 우리는 이 책을 통해 실패에 사로잡힌 절대다수의 사람과 우리 자신을 구분하는 데 필요한 정보와 방법을 얻었다. 이제 어느 편에서 살아갈 것인가는 각자에게 달린 선택이다. 성공에 사로잡힌 삶을 살 수도 있고, 실패에 사로잡힌 삶을 살 수도 있다.

당신은 어느 편을 선택할 것인가? 나는 성공에 사로잡힌 삶이 훨씬 재밌고 신난다는 점을 말해 두고 싶다.

열망은 절망의 해독제다

마지막으로, 두려움은 모두의 삶에 있어 선물이다. 오로지 문제가 되는 것은 두려움에 짓눌려 아무 행동을 하지 못하거나 얼어붙어 있는 경우다. 두려움은 목표를 포기해야 할 이유가 결코 되지 못한다. 두려워서 포기한다는 것은 변명에 불과하다.

사실 두려워하는 것 자체는 문제가 안 된다. 그게 정상이다. 다만 두려움이 느껴질 때마다 목표를 향한 자신의 열망을 떠올리자. 자신의 이유를 기억하자. 열망은 두려움과 절망을 몰아내는 완벽한 해독제다. 두려움을 정복하는 사람은 그야말로 '천국으로 가는 열쇠' 하나를 손에 넣는 것과 같다.

승자처럼 느껴지지 않는다면 승자처럼 느끼는 척 느낌을 투사하자. 승자는 긍정적인 자기 투사의 전형들이다. 우리 가까운 곳에도 늘 그런 승자들이 있고, 그들은 단번에 알아볼 수밖에 없는, 잊히지 않는 아우라와 존재감을 투사한다. 첫인상은 매우 강력하고 주위 사람들에게 오래 가는 인상을 남긴다. 자신을 승자처럼 투사하면 머지않아 승자가 될 것이다.

당신에게 확신을 주는
성공 노트 9

- 진정한 용기는 두려움이 없는 것이 아니라 두려움을 정복하는 것이다.

- 필요하다면 연기라도 하자. 평온하고 스트레스 없는 사람인 척 행동하자. 억지로라도 느긋하고 평온한 사람인 척 연기하다 보면 그런 사람이 될 것이다.

- 매일 뭔가 새로운 일을 해야 한다. 끊임없이 안전지대를 확장해 나가자.

- 두려움과 믿음 중에서 믿음이 훨씬, 훨씬 더 강하다. 믿음의 위대한 힘에 단단히 매달려 보자.

- 자기 자신을 신뢰하는 사람이라면 스스로 감당하지 못할 정도로 나쁜 결과를 얻게 되는 일은 드물다. 어떤 결과가 나오든 자신이 이겨 내리라는 확신을 가질 필요가 있다.

· 열 번째 비밀 ·

과거의 실패는
미래의 성공을
망치지 못한다

끈기

성공이란 실패에 실패를 거듭하면서도
열정에는 전혀 손실을 입지 않는 능력이다.

—

윈스턴 처칠

오늘 좌절했다고
꿈 앞에서 돌아서지 말 것

미 해병 중위였던 클리브 맥클러리는 내가 이제껏 접한 가장 감동적인 인물 중 한 명이다. 베트남에서 복무한 맥클러리는 심각한 부상을 입고 은성 훈장과 동성 훈장을 받았다. 하지만 한쪽 눈과 팔을 잃은 데다 몸 전체가 만신창이가 돼 34회에 걸친 수술을 받았다. 그렇지만 그는 자신의 처지를 극복하겠다는 결단과 용기를 잃지 않았다.

내가 맥클러리의 이야기를 들은 것은 내 인생에서 그의 이야기가 가장 절실했던 시절, 나 역시 나름의 사정으로 심각한 부상을 입었던 때였다. 앞에서 묘사했듯이 재정 기반이 완전히 무너졌을 때 나는 맥클러리가 어떤 마법의 단어에 대해 이야기하는 것을 들었다. 그를 병원 침상에서 일으켜 세웠을 뿐 아니라 기적 같은 인생을 개척하게 해 준 단어였다. 바로 피도(FIDO), '싹 다 잊고, 전진!(Forget It—Drive On!)'의 약어다. 딱 해병대 스타일이지 않은가? 나는 당시의 힘든 상황을 이겨 내기 위해 나 혼자 이 말을 얼마나 많이 했는지 모른다. 지금도 안 좋은 일이 생기거나 마음이 어지러운 일이 있으면 이 말을 한다.

"싹 다 잊고, 전진!"

성공이 성공을 낳는다. 승자는 과거의 실패는 잊고 오로지 과거의 성공에만 초점을 맞춘다. 누구에게나 실패 경험도, 성공 경험도 있지만 어떤 것에 집중하느냐는 온전히 각자의 선택에 달린 일이다.

우리에게 있는 가장 주된 두려움 중 하나는 실패의 두려움이다. 그러나 승자는 과거에 얼마나 많이 실패했는지는 중요하지 않다는 것을 잘 안다. 모든 실패는 목표와 성취를 향해 내딛는 걸음이며 성장 과정에서 피할 수 없는 요소기 때문이다. 사람들이 실패하는 진짜 원인은 잠시 실패를 경험할 때마다 포기해 버리는 습관에 있다.

실패는 교묘하고 영악하다. 모든 방법을 동원해서 우리 앞길을 막는다. 그것도 꼭 우리가 결승선을 넘기 직전에, 오랫동안 좇아온 목표가 막 이뤄지기 직전에 말이다. 하지만 모든 실패는 그에 맞먹는 성공의 씨앗을 가져온다. 그래서 성공한 사람들은 결코 포기하지 않는다. 일시적인 실패 앞에서 돌아서지 않는다.

IBM의 창업자 토머스 J. 왓슨도 실패를 딛고 앞으로 나아가는 게 얼마나 중요한지 강조했는데, 이렇게까지 말했다.

"실패율을 두 배로 높여라."

사람들은 흔히 실패할까 봐 두려워 아무 시도도 하지 않으면서 성공한 사람들은 절대로 실수하지 않는다고 여긴다. 그래서 자기는 아직 성공하지 못했으니 일을 벌여선 안 된다고 생각한다. 하지만 이는 아주 흔한 오해일 뿐이다.

더 많이 넘어질수록
더 많은 방법을 찾는다

성공한 사람들은 실패가 배움의 과정에 없어서는 안 될 필수 요소임을 안다. 실패는 시련과 실수를 통해 우리에게 배움을 주고, 실수는 우리에게 새로운 정보를 배우게 한다. 그러니 실패를 고대하고 기뻐하는 게 마땅하지 않겠는가! 시작하고, 실수하고, 실수에서 배우고, 실수를 수정하고, 계속 목표를 향해 전진하면 된다. 우리의 모든 경험은 우리가 목표 성취를 향해 새로운 단계로 나아가도록 우리에게 새로운 정보를 준다.

오디오 프로그램 〈Mind Your Brain Success System〉에서 더그 벤치는 새로운 뭔가를 배우거나 시도할 때는 모두 "아기가 돼야 한다"라고 했다. 아기는 다른 사람이 걷는 모습을 보고 그의 발걸음을 따르기로 결심한다. 따라가려고 애쓰는 동안 무수히 실패하면서 배운다. 더 많이 넘어질수록 뉴런의 연결이 더 많이 생겨나고, 뇌는 아기를 걷게 할 방법을 찾아 더 열심히 일한다. 아기는 넘어지고 또 넘어지지만 그 모든 순간을 만끽한다.

우리는 다 아기였다. 다 이런 걷기와 실패의 방법을 경험했다. 그러니 뇌에게 실패로부터 배우게 해 달라고 도움을 요청하자. 실패할 때마다 뇌가 실패의 원인이 됐던 생각을 바꾸게 해서 새로운 뇌 연결을 형성할 수 있도록 하자. 모두 아기가 되면 최고의 성취를 맛볼 수 있다.

또한 벤치는 누구나 사소하든 복잡하든 매일 뭔가에는 실패한다고 말하면서 그 실패한 경험과 거기서 배운 교훈을 기록하라고 조언한다. 그럼 실패의 중요성을 마음에 새길 수 있고, 실패해도 괜찮다는 강력한 메시지를 무의식에 전달할 수 있다. 오늘날 세계에서 가장 성공적인 삶을 사는 사람들은 바로 실패하는 사람들이다. 실패는 성공의 기본 구성 요소이기 때문이다.

뇌의 일부 영역은 우리가 실패할 때 활성화된다. 활성화돼 정보를 통합하고 체계화하면서 실패한 이유를 분석하고 앞으로 그 실수를 반복하지 않을 방법을 알아낸다. 그 덕분에 우리는 나중에 그 일을 다시 할 때 더 나은 결과를 얻을 가능성이 높아진다. 그러니 더 나은 결과를 얻으려면 되도록 빨리, 되도록 자주 실패하자.

우리의 무의식에는 지나간 실패의 기억, 고통스럽고 부정적인 경험들의 기억이 모두 고스란히 저장돼 있다. 이런 부정적인 경험과 실패담을 올바르게 그리고 효과적으로 활용하기만 한다면 배움의 과정에 도움이 된다. 무의식에 피드백을 줘서 목표를 향한 진로를 수정할 수 있게 돕기 때문이다.

일어나길 바라는 일에
온 마음을 집중하자

뇌에 담긴 모든 기억은 더할 나위 없이 좋은 기억이다. 우리는 가능한 모든 것을 배우고 경험하고 싶어 한다. 그래서 미래에 활용할 수 있는 정보가 특히 더 많이 저장될 때는 우리가 목표를 성취하거나 문제를 해결하려고 애쓸 때다.

뭔가 새로운 일을 시도할 때 우리 뇌에서는 어떤 작용이 일어난다. 우리가 실수를 하면 전전두피질은 자동으로 우리에게 대답이나 해결책을 줄 방법을 찾는데, 이때 의존하는 것이 과거의 경험과 정보다. 하지만 이는 우리에게 이롭게 작용할 수도, 해롭게 작용할 수도 있다.

우선 뇌의 작동 원리를 다시 한번 살펴보자. 우리가 바라지 않는 일이라고 해도 일단 그것을 상상하기만 하면 무의식은 그 이미지를 실제라고 받아들이고, 전전두피질은 그것이 우리가 바라는 일이라고 암시한다. "우유를 쏟으면 안 돼"의 예로 돌아가 보자. 스스로에게 우유를 쏟으면 안 된다고 말하면 무의식은 그 이미지를 실제라고 받아들이고 전전두피질은 우유를 쏟는 방향으로 작용한다. 그럼 어떻게 되겠는가? 우리는 쏟지 않으려고 의식적인 모든 노력을 동원하는데, 오히려 우유를 쏟는다. 그러므로 바라는 결과에 집중하는 것이 현명한 방법이다.

그런데 앞에서 말했듯이 무의식은 우리에게 줄 대답이나 해결책을 과거의 경험과 정보에서 찾는다. 실수를 한 다음에는 특히나 바라는 결과에 집중해야 하는 이유가 바로 이것이다. 골프 경기를 예로 들어 보자. 퍼팅을 잘못했다면 그 즉시 퍼팅에 성공하는 모습에 마음을 집중해야 한다. 퍼터로 가상의 퍼팅을 해 봐도 좋다. 이것이 필 미켈슨이나 그 외 뛰어난 골퍼들이 중요한 퍼팅에서 실수했을 때 대처하는 방법이다.

불필요한 두려움을 없애는 최고의 방법

일어나기를 바라는 일에 집중해야 한다. 단순히 그렇게만 해도 전전두피질은 우리가 바라는 일이 무엇인지 제대로 전달받고 그 열망이 실현되도록 도울 것이다. 이를 반복하다 보면 더욱 긍정적인 사고 패턴이 형성되고, 반복을 오래 하면 긍정적인 사고 패턴은 습관이 된다. 열망하는 일의 긍정적인 이미지를 만들어 내고 거기에 매달리는 것이야말로 인생에서 불필요한 두려움을 걷어 내는 최고의 방법이다.

무술인이자 영화배우였던 이소룡도 부정적인 생각을 없애는 훈련을 했다. 그는 부정적인 생각이 떠오를 때마다 그것을 종이에 적어 눈으로 본 다음 종이를 구기고 불을 붙여 재가 될 때까지 태웠다. 이런 행동은 우리의 무의식에 강력한 메시지를 전달한다.

'부정적인 생각은 싹 다 잊어버리고 무조건 전진하라!'

잘못을 하고 나서 그것이 그저 목표에서 살짝 벗어난 행동이라는 것을 인식한 다음에는 그 잘못을 의식적으로 잊어버리고 한쪽으로 치워 버려야 한다. 그리고 그 자리에 열망하는 결과를 불러

들어 눌러앉게 해야 한다. 지나간 과거의 실패는 다가올 미래의 성공을 훼손하지 못한다. 물론 이루고자 하는 목표에 단단히 초점을 맞추고 있는 경우에만 그렇다.

안전지대는 그야말로 안전하고 편안하기는 해도 스스로 만든 감옥과 다름없다. 한평생 쌓이고 강고하게 굳어진 온갖 믿음이 그 안에 다 들어 있다. 하지만 우리는 확언과 시각화를 이용해 스스로 바라는 바가 무엇이며 거기에 필요한 행동이 무엇인지 마음에 새기면 안전지대를 넓힐 수 있다. 그런 다음 그 행동들을 실행하면 된다. 새로운 시도를 하고 스스로 실패할 수도 있다는 가능성을 열어 두면 자연히 안전지대가 넓어진다. 이 모든 과정이 우리가 누려 마땅한 삶을 살도록 도와줄 것이다.

수렁 따위는 없다. 수렁에 빠졌다고 느낄 때는 스스로 같은 생각을 되풀이하고 같은 이미지를 계속 보고 있는 때다. 새로운 생각을 하지 않고 새로운 이미지를 보지 않는 때다. 안전지대를 넓히기로 결심하라. 실패를 기꺼이 감수하자. 그럼 저절로 실패를 딛고 앞으로 나아가게 될 것이다.

아인슈타인은 이렇게 말했다.

"우리가 직면하는 중요한 문제들은 그 문제를 일으킨 동일한 수준의 사고로는 해결되지 못한다."

새로운 생각과 이미지로 무의식을 가득 메워 안전지대를 넓히자. 목표가 이미 이뤄졌다고 상상하자. 세계가 나의 목표 성취를 돕고 있다고 생각하자.

스탠 데일의 관점을 본받을 필요가 있다.

"나는 피해망상과는 정반대다. 항상 모든 사람이 나의 안녕을 강화하는 플롯의 일부라고 생각한다."

클레멘트 스톤 역시 피해망상의 정반대로 유명하다. 그는 일부러 세계가 자기를 잘 살게 하려는 음모를 획책하고 있다고 믿었고, 사람들이 이제나저제나 자기를 해치려 한다는 생각은 거부했다. 그의 눈에는 모든 어려움과 행운이 자신을 더욱 강하고 풍요롭게 해 주는, 자신의 성취를 더욱 앞당겨 주는 기회로 보였던 것이다.

새로운 경험은 항상 조금은 무서운 법이다. 원래 그렇다. 하지만 그런 낯선 경험을 직면하고 돌파해 나갈 때마다 우리에게는 할 수 있다는 자신감이 붙어난다.

잭 캔필드의 말을 매일매일 반복해 보자.

"세계가 오늘 내게 좋은 일을 하려고 계획하고 있어. 나는 오늘 내게 어떤 일이 펼쳐질지 정말 궁금해!"

배움의 4단계

모든 배움은 점진적인 과정이며 다음의 4단계를 거쳐서 전개
된다.

1단계. 무의식적 무능

이 단계에서는 스스로 어떤 기술이나 능력이 부족한지 전혀 자
각하지 못한다.

2단계. 의식적 무능

이 단계에서는 자신에게 없는 특정 능력이나 기술이 무엇인지
자각한다.

3단계. 의식적 유능

이 단계에서는 특정 임무나 역할을 능숙하게 수행하면서 스스
로 그렇게 하고 있음을 자각한다.

4단계. 무의식적 유능

배움의 마지막 단계에서는 특정 임무를 자동으로 능숙하게 처
리하지만, 그것을 어떻게 하는지 머리로는 결코 생각하지 않는

다. 행동이 습관화되고 무의식적 차원에서 이뤄진다.

이 배움의 4단계를 자동차 운전에 빗대어 보자. 아기들은 무의식적으로 무능하다. 자기가 차를 운전할 줄 모르는 줄 모른다. 의식적 무능은 자기가 자동차를 운전할 줄 모르는 줄은 아는 단계다. 의식적 유능은 자동차를 운전할 수는 있지만 아직 제2의 본성이 되지 않아서 운전하는 행위를 머리로 생각해야 하는 단계다. 무의식적 유능은 통화를 하고, 샌드위치를 먹고, 신문을 읽으면서 동시에 자동차를 운전할 수 있는 단계다. 물론 그렇다고 이 모든 것을 한꺼번에 해 볼 생각은 하지 않는 게 좋다.

나를 어디로
데려갈 것인가

실수나 잘못은 목표 성취를 위한 필수 단계로 인식해야 한다. 하지만 인식한 뒤에는 잊어버려야지 거기에 연연해서는 안 된다. 연연하거나 죄책감을 갖고 있으면 과거를 계속 재연하게 되고 그럼 바라지 않는, 벗어날 수 없을 것 같은 상황을 계속 경험할 수밖에 없다.

우리 주위에는 자신이 바라지 않는 일을 끝도 없이 이야기하지만 바라지 않는 바로 그 일을 끝도 없이 겪는 사람들이 많아도 너무 많다. 지나간 일을, 겪고 싶지 않은 일을 털어 버리지 못하고 계속 곱씹는 것은 그 일을 더 자주, 더 쉽게 일어나게 할 뿐이다.

마음을 바꾸는 순간, 과거에 초점을 두고 재연하기를 그만두기로 선택하는 순간 우리는 과거를 바꾸려는 욕심을 내려놓고 미래를 바꾸는 힘을 얻게 될 것이다. 어마어마하게 많은 사람이 실패나 불운의 낌새만 보여도 백기를 들 준비를 하고 산다. 그러나 걸출하게 성공하는 사람들은 끝까지 간다. 아무리 많이, 아무리 줄기차게 실패를 겪어도 아랑곳하지 않는다.

월트 디즈니는 자신이 비로소 대성하게 된 때는 디즈니 월드를 만들고 싶다고 단순히 바라기만 하다가 궁극의 놀이공원을 만들기로 확고하게 결심을 다졌을 때라고 말했다. 당시 놀이공원 소유주들이 그렇게 비판하고 비웃었는데도 말이다. 그때 디즈니가 비판을 듣고서 백기를 들었다면 어떻게 됐을까?

1923년, 정치가로 승승장구하던 영국의 윈스턴 처칠은 22년 만에 처음으로 의회 선거에서 낙선했다. 그는 말을 잃을 정도로 큰 충격을 받았고, 그를 알던 누군가는 훗날 "당시 처칠은 자신의 세상이 끝장났다고 생각했다" 하고 회상했다. 처칠은 곧 정치에 복귀하려고 했지만 그 후에도 두 번이나 더 낙선했고, 1930년대 초반 무렵에는 그의 정치 인생이 정말로 끝이 난 듯 보였다. 나이는 이미 60세에 가까웠고 사람들의 기억 속에서도 거의 잊혀 가고 있었다. 그러나 이루지 못한 원대한 꿈이 아직 그 앞에 버티고 있었다.

오랫동안 가슴에 품어 온, 총리가 되는 꿈 말이다.

처칠은 성공을 이렇게 정의했다.

"실패를 거듭하면서도 열정에는 전혀 손실을 입지 않는 능력."

이 열정적인 사람이 바로 나치에게 섬멸돼 가던 세계를 구하는 데 눈부신 공을 세운 그 영국 총리인 것이다. 결국 처칠이 세계를 암흑으로부터 끌어낼 수 있었던 힘은 자기 인생을 암흑으로부터 끌어냈던 개인적 경험에서 나온 것이었다. 그리고 그가 열정에 손실을 입지 않고 실패를 거듭해 나갈 수 있었던 것은 총리가 되겠다는 억누를 수 없는 열망 때문이었다. 그 열망이 그가 싹 다 잊고 전진할 수 있도록 했고, 나라가 위기에 빠져 그를 불렀을 때 그 부름에 응답하게 했다.

암흑에서 나를 구할 사람은 나뿐이다

우리는 우리가 바라던 삶을 살고 있지 않다고 해도 현재 살고 있는 삶을 자신의 책임으로 받아들여야 한다. 왜 생각만큼 살고 있지 못한지 그 이유를 외부에서 찾아서는 안 된다. 외부 환경만이 문제라면 성공할 사람은 아무도 없을 것이다. 그런데 무수한 사람이 힘든 시기나 어려운 상황에서 탈출하기 위해 외부 환경을 이겨내지 않는가? 문제는 호의적이지 않은 상황이 아니다. 바로 나 자신이다. 나의 변화를 자꾸 가로막는 것은 나다. 한계 짓는 생각을 하고 자기 파괴적인 행동을 하는 탓이다. 그러면서도 그런 생각과 습관을 변호하려고 허약한 논리를 둘러대고, 모든 일에 변명만 늘어놓곤 하는 탓이다.

그러나 희소식이 있다. 바로 우리의 환경을 창조한 것은 우리 자신이라는 점이다. 바꿔 말하면 우리의 환경을 바꿀 수 있는 것도 우리 자신이라는 얘기다. 간단하다. 바라는 결과를 얻을 때까지 환경에 대한 자신의 반응을 바꾸면 된다. 자신의 생각, 이미지, 감정, 행동을 적극적으로 관리하자. 그런 것들을 자신이 바라는 결과에 일치시키면 결국 바라는 결과를 얻게 될 것이다.

우리는 인생에서 세 가지를 통제할 수 있다.

- 의식적인 생각
- 머릿속 이미지
- 행동

우리가 경험하는 모든 것은 이 세 가지에 의해 결정된다. 따라서 자신이 경험하고 있는 삶이 마음에 들지 않는다면 이 세 가지를 바꿔 보자. 우리는 습관도 바꾸고, 어울리는 사람도 바꾸고, 읽는 책도 바꾸고, 자신에게 말하는 생각도 바꿀 수 있다.

사람들은 자신이 통제할 수 있는 것에 대해서만 불평한다. 아무도 중력에 대해서는 불평하지 않는다. 지구가 태양으로부터 세 번째 행성이라고 해서 불평하는 사람도 없다. 다시 말해 우리가 불평하는 일은 거의 다 우리가 '어쩔 수 있는' 일들이란 얘기다. 세상은 우리에게 아무것도 빚진 게 없다. 각자의 세상은 각자가 창조한 것이기 때문이다.

포기는 언제 해도
너무 이르다

결과는 거짓말을 하지 않는다. 결과에 주목하자. 그럼 자신의 어떤 부분이 제대로 기능하고, 어떤 부분이 그렇지 못한지 알게 될 것이다. 제대로 기능하는 유일한 시작점은 현실뿐이다. 머릿속에 떠도는 생각에 일일이 귀를 기울이건 동의를 하건 그것은 전적으로 각자에게 달린 일이지만, 그 생각들이 거기에 있고 우리가 듣는다고 해서 모두가 진실인 것은 아니다.

나더러 삶의 결과를 바꾸고 목표를 성취하기 위해 반드시 갖춰야 할 성격 특성을 하나만 고르라고 한다면 끈기를 고르겠다. 사실 끈기는 내가 아는 모든 세계적인 성취자들의 가장 두드러진 특성일 것이다. 나는 어떤 평범한 사람이라도 끈기만 발휘하면 비범해질 수 있다고, 그러니까 평범을 능가할 수 있다고 믿는다.

잭 캔필드 역시 성공한 사람들의 가장 보편적인 특성으로 끈기를 꿈는다. 끈질긴 사람들은 그야말로 포기를 모른다. 때로는 우주가 목표를 향한 우리의 결의를 시험하기도 한다. 하지만 더 오래 인내할수록 그만큼 성공 가능성은 더 높아질 것이다.

노먼 빈센트 필은 이렇게 말한다.

"포기는 언제 해도 너무 이르다!"

모든 실패의 주요 원인은 끈기 부족이다. 끈기 없이는 어떤 분야에서도 성공을 거두기란 불가능에 가깝다. 그러나 끈기는 마음의 상태일 뿐이라 충분히 강화할 수 있다. 어떤 목표를 향해 발휘하는 끈기의 크기는 그 목표를 향해 불태우는 열망의 크기와 정확히 비례한다. 그러므로 목표를 성취하고야 말겠다는 열망을 더욱 강한 화력으로 부추기면 끈기의 수위도 자연스럽게 높아진다.

끈기의 여덟 가지 요소

《놓치고 싶지 않은 나의 꿈 나의 인생(Think and Grow Rich)》에서 나폴레온 힐은 끈기의 여덟 가지의 요소를 다음과 같이 정리했다.

• 명확한 목표
스스로 무엇을 원하는지 아는 것이 성취와 끈기 계발의 가장 중

요한 열쇠다. 또한 목표가 확고해야 수많은 어려움을 이겨 낼 수
있다.

- 열망
목표를 간절하게 열망해야 끈기를 발휘할 수 있다. 간절한 열
망이 없으면 포기하기 쉽다.

- 자신감
계획을 완수할 수 있는 자신의 능력을 믿어야 어떤 걸림돌이 나
타나더라도 스스로 용기를 북돋고 끈기 있게 도전할 수 있다.

- 명확한 계획
그것이 아무리 허술하건 철저하건 목표 성취를 위한 계획은 그
자체로 훌륭한 끈기의 원동력이 된다.

- 정확한 지식
경험이나 관찰을 통해 자신의 계획이 탄탄하고 타당하다는 근
거를 얻으면 뭘 해야 할지 짐작만 할 때보다 계획을 실행하기에
훨씬 효과적이고 믿음직스럽다. 먼저 성공한 누군가의 뒤를 따를
때도 완전히 혼자 씨름할 때보다 끈기 있게 매달리기 쉽다.

- 협력

주위 사람들과 공감과 이해와 조화로운 협력 관계를 형성하는 것은 끈기를 키워 나가는 좋은 토대다.

- 의지력

힐에 따르면 의지력은 '목표 성취를 위한 계획에 생각을 집중하는 습관'이다. 계획에 집중하면 저절로 목표를, 즉 끈기의 첫째 요소인 '명확한 목표'를 떠올리게 된다.

- 습관

명확한 목표와 열망을 중심으로 돌아가는 생활 습관은 저절로 끈기를 높여 준다.

끈기가 부족한 사람의 16가지 특징

끈기를 높여 주는 여덟 가지 요소와 함께 나폴레온 힐은 끈기가 부족한 사람의 특징도 16가지로 정의했다. 목표를 성취하기 위해서는 이 16가지를 극복해야 한다.

- 자신이 정확히 무엇을 바라는지 모르고 명확하게 설명하지도 못한다.
- 항상 나중으로 미룬다.

- 목표 성취에 도움이 되는 지식을 얻으려는 의욕이 없다.
- 우유부단해서 일을 정면으로 승부하려 하지 않고 그저 회피해 버린다.
- 문제가 생겼을 때 해결책을 만들지도 않고, 찾으려고 하지도 않는다.
- 쉽게 자기만족에 빠진다.
- 무관심해서 걸림돌을 적극적으로 넘어서려 하기보다는 적당히 타협하려 한다.
- 안 좋은 상황에 직면했을 때 자기 책임은 받아들이지 않고 남들을 비난한다. 그런 상황에 놓인 것이 어쩔 수 없는 일이었다고 믿는다.
- 목표에 대한 열망이 부족하다.
- 실패할 것 같은 낌새만 보여도 당장에 포기하고 싶어서 들썩거린다.
- 체계적인 계획을 세우지 않는다.
- 멋진 아이디어나 기회가 나타나도 그냥 넘긴다.
- 앉아서 꿈만 꿀 뿐 일어나 뭔가 하려 하지 않는다.
- 소유에 대한 야망이 없기 때문에 군색한 생활에 안주하며 살아간다.
- 성공으로 빨리 질러가고 싶어 하고, 먼저 주지도 않고서 받으려고만 한다.

• 비판이 두려워서, 남의 생각과 행동과 말이 두려워서 아무 일도 하지 못한다. 이런 두려움은 무의식 속에 가라앉아 있어서 스스로도 눈치채기가 쉽지 않다. 의견은 세상에서 가장 값싸고 구하기 쉬운 상품이다. 다른 사람의 의견에 귀를 기울이고 거기에 너무 쉽게 영향을 받아 자기 본연의 믿음과 계획이 흔들리는 사람은 자기만의 진짜 열망을 갖기 어렵다. 자신의 열망을 다른 사람들이 어떻게 생각할지 너무 두렵기 때문이다.

끈기의 여덟 가지 요소에 집중할 것인가, 아니면 끈기가 부족한 사람의 특징 16가지에 집중할 것인가는 전적으로 각자의 선택에 달렸다.

성공은 성공에 집중하는 사람들에게 오고, 실패는 실패와 두려움에 집중하는 사람들에게 온다. 두려움은 끈기를 버려야 할 이유들에 귀를 기울인다. 두려움의 목적은 우리를 안전하게 지키는 것임을 기억하자. 어떻게 해서든 안전하고만 싶다면 그냥 살던 대로 살면 된다. 그러나 원대하게 꿈꾸고 원대하게 성취하길 바란다면 끈기의 여덟 가지 요소에 집중해야 한다. 그렇게만 해도 목표 성취를 위한 동력이 훨씬 커질 것이다.

끈기를 습관화하는 네 가지 원칙

나폴레온 힐은 끈기를 습관화하는 네 가지 원칙도 소개했다.

- 소망이 불타오르는 명확한 목표를 정한다.
- 명확한 계획을 세워 꾸준히 열정적으로 실행한다.
- 부정적이고 기를 꺾는 요소들에 대해서는 마음을 꽁꽁 닫아 버린다. 친구나 가족들이 해 주는 부정적인 조언도 마찬가 지다.
- 목표를 지지해 주고 항상 용기를 북돋워 주는 친구들을 사 귄다.

이 원칙들을 가끔 생각날 때마다 적용해서는 별로 도움이 안 된 다. 완전히 몸에 밴 자연스러운 습관이 될 때까지 꾸준히 훈련해 야 한다. 또한 이 원칙들을 습관화하고 목표를 끈기 있게 추구하 기 위해서는 부정적인 감정과 느낌이 아니라 긍정적인 감정과 느 낌에 초점을 맞추는 것이 중요하다. 나폴레온 힐에 따르면 우리 에게는 부정적인 감정과 긍정적인 감정이 크게 일곱 가지씩 있 다. 우리가 느끼는 감정은 곧바로 무의식으로 흘러 들어가는데, 무의식은 기본적으로 중립적이어서 무엇이든 우리가 느끼라는 대로 느끼고 하라는 대로 한다.

긍정적인 감정 일곱 가지는 열망, 믿음, 사랑, 섹스, 열정, 낭만,

희망이다. 이 일곱 가지는 삶을 성공 지향적으로 건설해 나가는 데 가장 도움이 되는 감정들이고, 직접 사용해야만 익숙해지는 감정들이다. 그러니 마음껏 활용하길 바란다.

반면 부정적인 감정 일곱 가지는 무슨 수를 써서라도 멀리해야 하는 감정들로 두려움, 질투, 증오, 원한, 탐욕, 미신, 화다.

마음은 긍정적인 감정과 부정적인 감정을 동시에 품지 못한다. 어느 한쪽만의 지배를 받는다. 그러므로 당장 긍정적인 감정을 품고 활용하는 습관을 들여야 한다. 긍정적인 감정이 마음을 가득 채우면 부정적인 감정이 비집고 들어설 자리가 없어진다. 우리가 들여보내지만 않는다면 말이다.

우리의 큰 약점 중 하나는 '불가능'이라는 단어와 너무 친숙하다는 점이다. 사람들은 어떤 일이 성사되지 않을 이유를 너무나 잘 알고, 이뤄질 리가 없는 그 모든 일을 너무나 잘 안다.

아이를 기르는 사람이라면 끈기를 발휘하는 중요한 원리에 대해 남달리 와 닿는 부분이 있을 것이다. 아이를 데리고 마트에 갔는데 사탕이든, 시리얼이든, 장난감이든 아이의 눈에 갖고 싶은 물건이 들어왔다고 가정해 보자. 아이의 나이에 따라 그리고 눈에 들어온 물건을 얼마나 간절히 열망하느냐에 따라 조금 다르겠지만, 대체로 아이는 매우 흥분해서는 그 물건을 사 달라고 큰 소리로 조를 것이다. 부모가 당장에 혼을 내거나 또는 혼을 내겠다고 위협한다고 해서 아이 입을 다물게 하지는 못한다. 아이를 조용히 시키는 길은 그 물건이 보이지 않는 곳으로 데려가거나 아니면 아이의 관심을 돌릴 다른 방법을 쓰는 수밖에 없다.

윈스턴 처칠이 끝내 꿈을 실현했던 원리는 마트에서 아이가 물건을 조르는 원리와 근본적으로 다르지 않다. 열망하는 대상에 완전히 몰입하는 것이다. 목표가 거기 있는 한 그리고 그 목표에 대해 온 마음을 '사로잡는, 집요한, 약동하는, 불타오르는' 열망이 있는 한 우리는 그 열망을 충족시키기 위해서라면 끊임없이 무슨 일이든 할 것이다. 이것이 끈기 있게 매달려야 할 때 기억해야 할 교훈이다.

실패는 성공을
더욱 찬란하게 한다

중요한 교훈 또 하나는 실패를 딛고 앞으로 나아가는 방법을 배워야 한다는 것이다. 세계적인 성취자들은 절대로 실패를 막다른 골목이라고 생각하지 않는다. 그저 목표를 향해 가는 과정에서 새로운 걸음을 내디뎠다고 여긴다.

흔히들 파산을 최후의 몰락이라고 생각한다. 물론 불행히도 실제로 파산하는 많은 이가 다시는 재기하지 못한다. 그곳이 막다른 골목이라고, 더 이상 길이 없다고 믿기 때문이다.

하지만 다음은 파산했다가 재기에 성공한 세계적인 성취자들 중 일부다.

- J.C 페니(65세에!)
- 헨리 포드(두 번이나!)
- 월트 디즈니
- 도널드 트럼프
- 새뮤얼 클레멘스(마크 트웨인)
- 윌리 넬슨
- 버트 레이놀즈
- 로버트 기요사키
- 마크 빅터 한센

거대한 회사 구글이 실수를 대하는 태도를 보면 그들이 그 시장을 지배하고 월 스트리트의 총애를 받는 이유를 짐작하고도 남는다. 〈워싱턴 포스트〉에 났던 기사 일부를 읽어 보자.

구글은 성공을 중시하지만 실패도 썩 대수롭게 여기는 것 같지 않다. 실패를 두려워하지 않는 문화가 구글플렉스 안에 24시간 불이 켜져 있으며 뉴에이지 스타일 대학 캠퍼스 같은 저층 건물 단지 안에 퍼져 있다. … 구글 직원들은 언제든 엉뚱하고 야심찬 아이디어를 제안하도록 독려받는다. 그리고 임원들은 작은 팀들에게 그런 아이디어를 배정해 검증하게 한다. … 구즈만 컴퍼니의 재무 분석가인 필립 레멕은 구글의 계획 중 상당수를 로또에 불과하다고 본다. "대부분 잘 안될 겁니다. 그중 극히 일부만 어마어마하게 성공할 테죠. 그런데 어떤 로또 종이가 5년 뒤에 당첨될지 아무도 모른다는 사실을 구글은 잘 알고 있는 듯합니다."

그런가 하면 "실패를 많이 하지 않는 사람은 도전을 열심히 하지 않는 사람이다"라는 말을 했던 구글 애드워즈의 생산 관리 책임자 리처드 홀든은 구글의 시스템에 대해 이렇게 설명했다.

"(실패했다는) 불명예가 별로 없습니다. 우린 적은 수의 인원으로 프로젝트를 운영하고 그들에게 무조건 새로운 시도를 하라고 독려하니까요. 아이디어 하나가 잘 안됐으면 다음 아이디어로 넘어가는 거죠."

그 결과 구글 애드워즈에는 구글의 검색 결과 옆에 텍스트 광고를 넣으려고 애쓰는 광고주들로 넘쳐 난다.

내가 생각하기에 실패를 딛고 목표를 성취한 사례 중 최고는 맥시 필러의 사례다. 맥시는 1966년, 36세의 나이에 처음으로 캘리

포니아주 사법 시험에 응시했다가 떨어졌다. 재수를 했지만 또 떨어졌다. 그는 시험을 보고 또 봤지만 계속 떨어지고 또 떨어졌다. 그다음에는 로스앤젤레스, 샌디에이고, 리버사이드, 샌프란시스코 등 시험이 있는 곳이면 어디든 가서 응시했다. 아들들이 어릴 때 처음 시험을 보기 시작했는데, 그 아들들이 전부 사법 시험에 합격하고 난 뒤에도 맥시는 계속 시험을 치렀다. 나중에는 아들들이 차린 법률 사무소에서 재판 연구원으로 일하면서도 계속해서 응시했다. 그의 도전은 사람들이 보통 은퇴를 생각할 나이가 될 때까지도 계속됐다.

그리고 25년 뒤 전형료와 시험 준비 코스 수강료로만 600만 원가까이 지출하고 인생의 144일을 고사실에서 보내고 나서야 맥시 필러는 48번째 사법 시험을 치렀고, 결국 합격했다. 그의 나이 61세였다. 맥시는 낙방할 때마다 결코 자신의 꿈이 끝났다고 생각하지 않았다. 낙방은 그가 그토록 열망을 불태우는 꿈으로 다가가기 위한 또 한 걸음의 전진일 뿐이었다.

《맥스웰 몰츠 성공의 법칙(Psycho-Cybernetics)》에서 맥스웰 몰츠는 우리가 실패했다고 해서 실패로 끝나는 인생은 아니라고 강조한다. 실수했다고 해서 실수로 끝나는 인생은 아니라고, 실수는 정정될 수 있다고 말이다.

그러니 자기 자신에게 계속 이렇게 말해 보자.

"나는 최고의 결정도 내리고 최악의 결정도 내리지만, 그게 다는 아니야. 나는 내 몫의 실수를 하면서도 목표를 성취해 나가는 능력 있는 사람이지. 중요한 건 그것뿐이야."

오늘 실패했다고 해서 영원한 실패자는 아님을 진정으로 받아들일 때 우리는 실패를 인정할 수 있고, 실패에서 배울 수 있고, 실패를 넘어 앞으로 나아갈 수 있다. 성공으로 가는 길이 곧게 뻗은 직선 대로인 경우는 드물다. 대개는 구불구불 지그재그로 나 있다.

계속해서 실패에만 초점을 맞추는 사람은 앞으로도 더 많은 실패를 경험하게 될 것이다. 실패를 받아들이되 의도적으로 성공에 초점을 맞춰야 한다. 이제까지 했던 성공적인 시도들을 기억해 내고, 그런 경험들을 더욱 강화해 나가자. 잘못과 실수는 배움의 도구로만 삼았다가 마음에서 홀홀 털어 버려야 한다.

주위에 성공한 사람이 있다면 실패해 본 적이 있는지 물어보라. 거의 틀림없이 성공 경험보다 실패 경험이 더 많다고 말할 것이다. 하지만 그들은 의도적으로 성공에 집중했다. 실패가 성공으로 가는 길에 없어서는 안 될 요소임을 받아들였다. 우리도 마찬가지다. 실패를 딛고 앞으로 나아가야 한다.

우리 안에는 재능과 능력과 힘이 항상 준비돼 있다. 스스로 할 수 없다는 생각에 집중할지, 할 수 있다는 생각에 집중할지는 각

자의 선택에 달렸다. 또한 스스로가 가장 거세게 저항하는 것일
수록 가장 받아들일 필요가 있는 것일 때가 많다.

당신에게 확신을 주는
성공 노트 10

- 성공이 성공을 낳는다. 누구에게나 실패 경험도, 성공 경험도 있다. 과거의 실패는 잊고 오로지 과거의 성공에만 초점을 맞춰야 한다.

- 시작하고, 실수하고, 실수에서 배우고, 실수를 수정하고, 계속 목표를 향해 전진하자. 우리의 모든 경험은 우리가 목표 성취를 향해 새로운 단계로 나아가도록 우리에게 새로운 정보를 준다.

- 마음을 바꾸는 순간, 과거에 초점을 두고 과거를 재연하기를 그만두기로 선택하는 순간 우리는 과거를 바꾸려는 욕심을 내려놓고 미래를 바꾸는 힘을 얻게 될 것이다.

- 포기는 언제 해도 너무 이르다.

당신이 할 일은 남들이 하지 않는 일이다

습관

성공한 사람은
실패자가 하기 싫어하는 일을 하는 습관을 들였을 뿐이다.

—

앨버트 그레이

성공은 사람들이
하기 싫어하는 일에 있다

앨버트 그레이의 고전《The Common Denominator of Success》
의 핵심 메시지는 세계적인 성취자들은 남들이 '하지 않는 일'을
할 뿐이라는 것이다. 오해 없길 바란다. 남들이 '하지 못하는 일'
이 아니다.

책의 일부를 인용해 보자.

"하지만 성공의 이 공통분모는 워낙 위대하고, 강력하고, 우리
의 미래에 이루 말할 수 없이 중요해서 나는 그에 대해 구구절절

설명할 생각이 없다. 지극히 간단한 말로, 너무 간단해서 누구라도 이해할 수 있는 말로 분명히 밝히려 한다.

성공의 공통분모는, 즉 성공한 적이 있는 사람이라면 누구나 갖고 있는 공통의 성공 비결은 '성공한 사람은 실패자가 하기 싫어하는 일을 하는 습관을 들였을 뿐'이라는 점이다.

이는 있는 그대로 사실이고 말 그대로 간단하다. 누구든 이 비결을 높이 들어 불빛에 비춰 봐도 되고, 엄격하게 산성 테스트를 해 봐도 되고, 너덜너덜해질 때까지 이리저리 굴려 가며 생각해 봐도 되는데, 그렇게 저렇게 다 해 봐도 이는 여전히 성공의 공통분모일 것이다. 마음에 들건 안 들건 간에."

야호! 이렇게 딱 부러지고, 이렇게 간단하게 이해가 되다니! 성공을 갈망하지만 늘 실패하고 마는 사람들은 자기가 뭔가 대단한 부분을 해내지 못해서 또는 뭔가 대단한 약점이 있어서 실패한다고 착각한다. 하지만 둘 다 사실이 아니다. 대개 실패의 진짜 원인은 작고 사소한 일들을 하지 않아서다. 일상 습관의 문제인 것이다.

일단 우리의 행동이 어디서 비롯되는지 아는 게 중요하다. 행동이야말로 우리의 성공과 실패를 가르는 가장 직접적인 결정 요인이기 때문이다. 그렇다면 애초에 우리는 어떻게 습관을 들이는 걸까?

성공과 실패를 좌우하는 다섯 가지 요소

섀드 헴스테터는 《Self Talking》에서 우리의 성공과 실패를 좌우하는 요소로 다섯 가지를 제시한다.

• 행동

우리가 하거나 하지 않는 일들이다. 이 요소가 성공과 실패를 가르는 가장 직접적인 요인이다. 만일 우리가 스스로에게 해로운 방식이 아니라 이로운 방식으로 행동한다면 우리의 환경도 우리에게 이로운 방식으로 돌아갈 것이다. 그런데 우리는 보통 뭐가 옳고 뭐가 그른지 잘 알면서도 꼭 옳은 일을 선택하는 것은 아니다. 우리의 행동을 좌우하는 뭔가가 있어서다.

• 감정

우리의 행동을 좌우하는 것은 바로 감정이다. 우리가 어떤 행동을 하고 안 하고는 제일 먼저 감정의 여과를 거친다. 감정은 특정 생각에 대한 물리적, 생리적 반응으로서 이 감정에 따라 우리가 특정 문제를 어떻게 처리할지, 얼마나 잘 처리할지가 결정된다. 감정은 곧바로 행동으로 연결된다. 어떤 일을 어떻게 느끼느냐가 그 일을 어떻게 하느냐에 영향을 미친다. 어떤 일을 좋아하고 긍정적으로 느낄 때는 그 일을 더욱 긍정적으로 처리하게 되는 식이다.

그런데 믿기 어려울지 모르겠지만, 감정은 완벽하게 통제가 가능하다. 물론 오로지 나만이 내 감정을 통제할 수 있다. 아무도 나를 행복하게 하거나 슬프게 할 수 없다. 전적으로 나에게 달려있다. 생각과 감정은 늘 같이 붙어 다닌다. 감정이라는 토양 위에서 아이디어와 생각이 나고 자라기 때문이다.

그렇다면 우리에게 특정 감정을 불러일으키는 것은 무엇일까? 감정 역시 뭔가에 의해 생성되고 좌우된다.

• 태도

감정은 삶을 바라보는 관점에 의해 생성되고 좌우된다. 어떤 일을 대하는 태도는 그 일에 대해 느끼는 감정에 영향을 미치고, 그 감정은 다시 그 일을 처리하는 행동에 영향을 미친다. 그리고 그 행동에 따라 우리는 그 일을 잘 완수하거나 완수하지 못한다. 그러므로 태도는 우리의 성공 여부를 결정짓는 대단히 중요한 요소라고 할 수 있다. 어떤 분야에서든 성취의 기본은 훌륭한 태도다.

우리가 하는 모든 일은 직간접적으로 태도의 영향을 받는다. 특히 자기 자신을 대하는 태도는 자동으로 자기 주변을 대하는 태도를 결정한다. 우리는 자신을 대하듯이 주변의 모든 것들을 대한다. 따라서 자기 주변에 대한 태도를 바꾸려면 반드시 자기 자신에 대한 태도부터 바꿔야 한다.

태도의 작은 변화가 그야말로 삶 전체를 변화시킬 수 있다. 그러니 더 나은 결과를 바란다면 태도부터 개선하자. 목표를 성취하느냐 마느냐가 태도에 달렸다고 해도 과언이 아니다. 태도가 올바르면 사기와 의욕이 올라가 결국 내가 바라는 바를 성취하는 데 도움이 된다.

스스로 어떤 태도를 견지하고 있는지 확신이 안 선다면 자신의 기분, 성정, 망설임, 자기 대화 등을 살펴보면 된다. 태도에 따라 우리는 넉넉해질 수도, 쪼들릴 수도, 행복해질 수도, 슬퍼질 수도, 보람을 느낄 수도, 불완전한 느낌에 시달릴 수도 있다. 태도는 우리가 하는 모든 행동 또는 하지 않는 모든 행동의 가장 중요한 결정 요인이다. 자신의 태도를 관찰하고 검토하고 평가해야 한다. 좋건 나쁘건 자신의 모든 태도를 머릿속으로 목록화하자. 그런 다음 그 태도들 중 어느 것이 자신에게 도움이 되고, 어느 것이 걸림돌이 되는지 판단하자.

또다시 희소식 하나. 우리는 태도도 바꿀 수 있다. 태도는 고정 불변의 것이 아니다. 생각을 바꾸면 태도도 바뀐다. 생각만 바꾸면 저절로 태도도 바뀌기 시작한다. 관건은 바로 그 '생각'이다. 생각의 주도권을 되찾고 인생의 주도권을 되찾자. 우선 자신에게 정당한 방식으로 말하는 데서 시작할 수 있다.

태도 역시 어디서 그냥 생기는 게 아니다. 행동과 감정처럼 뭔가에 영향을 받아서 생긴다.

• 믿음

어떤 것을 어떻게 믿느냐가 그 일에 대한 우리의 태도를 결정하고, 감정을 만들고, 행동을 지시하고, 결국 우리의 성공과 실패를 가른다.

믿음이란 워낙 힘이 막강해서 어떤 것을 실제 모습과 다르게 보이게도 할 수 있다. 믿음이 강할수록 그 믿음을 뒷받침하는 주변 생각들까지 더 쉽게 받아들이게 된다. 그러나 정작 믿음에는 대단한 노력이 들지 않는다. 그냥 어떤 것을 사실이라고 생각하기만 하면 된다. 그것이 사실일 필요도 없이 말이다. 바꿔 말하면, 우리의 현실은 우리의 믿음을 전제로 한다는 뜻이다. 그래서 같은 현실이라 해도 모든 사람이 저마다 완벽하게 다른 관점으로 바라보는 것이다.

누군가 자신이 최고에 못 미친다고 믿는다면 그것은 그 사람에게는 사실이고 현실이다. 그냥 원래 그렇다. 하지만 다행히도 그것은 전혀 사실이 아니다. 그저 사실로 믿는 사람에게만 사실일 뿐이다. 그렇다면 믿음은 어디서 올까? 우리의 믿음을 형성하고 주도하는 것은 또 따로 있다.

• 프로그래밍

우리는 믿으라고 프로그래밍된 대로 믿는다. 이제까지 길들고 조건화된 대로 우리는 우리 자신과 주변 세계에 대한 믿음을 형

성했고 그 믿음을 거의 영원히 아로새겼다. 프로그래밍의 결과가
우리의 믿음이다. 진실과 상관없는 믿음 말이다.

오늘의 실천하는 습관이
내일의 나를 결정한다

말했듯이 프로그래밍은 믿음을 만든다. 믿음은 태도를 만든다.
태도는 감정을 만든다. 감정은 행동을 결정한다. 행동은 결과를
만든다.

좋은 습관이건 안 좋은 습관이건 모든 습관은 과거 조건화의 결
과다. 특정 행동이 천성이 되도록 우리가 배우고 훈련받은 결과
다. 물론 그렇게 얻은 습관은 아무리 그렇게 보인다 해도 전혀 천
성이 아니다. 날 때부터 있던 습관은 없으니 말이다. 바꿔 말하면
아무리 안 좋은 습관이라 해도 새롭고 좋은 습관으로 대체될 수
있다는 뜻이다.

그렇다면 사람들이 흔히 갖고 있는 안 좋은 습관에는 어떤 것
들이 있을까? 물건을 간수하지 못하는, 계획성이 없는, 거짓말을
잘 하는, 변명을 늘어놓는, 늦잠 자는, 험담하는, 남을 탓 하는, 빈
둥거리는, 시작한 일을 끝맺지 못하는 등 셀 수 없이 많다. 당신은
이 가운데 어떤 습관들을 갖고 있는가? 그 밖에 좀 더 긍정적인
것으로 대체하고 싶은 안 좋은 습관들에는 어떤 것들이 있는가?

우리의 현재 습관이 우리의 현재 결과들을 낳는다. 더 높은 수준의 결과들을 내고 싶다면 현재 습관들을 더욱 생산적이고 이로운 습관들로 대체하면 된다. 습관이 결과를 결정하거나 최소한 지대하게 영향을 미치기 때문이다.

세계적인 성취자들은 우연이나 요행으로 최고에 오른 것이 아니다. 자신이 오르고 싶은 자리에 오르려면 행동이 목표에 집중돼야 하고, 자기를 잘 관리해야 하고, 이를 추진해 나갈 에너지가 있어야 한다. 매일매일 이렇게 실천할 때 바라는 일을 현실에서 일어나게 할 수 있다. 결국 오늘의 습관이 내일의 내 모습을 결정한다.

성공학의 고전 《성취의 법칙(The Secret of the Ages)》의 저자 로버트 콜리어는 "성공은 매일매일 반복되는 작은 노력들의 총합"이라고 했다. 나는 이 문장을 10년도 넘게 내 꿈 게시판에 붙여 놓고 있는데, 내 성공은 다른 무엇보다도 내 일상 습관에 달려 있다는 점을 늘 기억하기 위해서다. 누군가 자신의 생활 습관과 활동 내역을 내게 준다면 나는 다른 정보가 전혀 없어도 그의 성공 여부를 꽤 정확하게 알아맞힐 수 있다.

타이거 우즈가 사생활에서 부적절한 습관으로 자멸의 길을 걷기 전, 사람들은 물리학의 법칙을 거스르는 듯한 그의 샷을 경외심에 차서 바라봤다. 하지만 우즈가 그토록 훌륭한 골퍼가 되기 위해 얼마나 많은 날을 매일같이 1,000개 이상의 골프공을 쳤는지는 아무도 짐작하지 못했다.

습관과 자아 이미지는 함께 가는 경향이 있다. 그래서 하나를 바꾸면 자동적으로 다른 하나도 바뀐다. '습관'이라는 단어는 한때 의복을 의미하기도 했다. 이 이중 의미는 서로 썩 잘 어울린다. 우리는 그야말로 습관을 몸에 두르지 않는가? 습관은 우리의 일부지만, 우리는 그것을 마음대로 바꿀 수 있고 의식적으로 제어할 수 있다.

우리의 습관들은 우리에게 딱 맞추려고 한다. 그래서 습관은 우리의 성격과 자아 이미지에 부합한다. 따라서 자아 이미지를 바꾸면 습관도 바뀐다. 새로운 자아 이미지에는 이전의 습관이 어울리지 않는다. 그 반대도 마찬가지다.

습관은 대개 자동적이어서 행동하는 데 별생각이나 준비가 들지 않는다. 어떤 일을 부단히 훈련하다 보면 나중에는 그 일을 전혀 힘들이지 않고 자연스럽게 할 수 있다. 누구나 그런 경험이 있을 것이다. 어떤 일을 열심히 훈련해서 더 이상 머리로 생각하지 않고도 할 수 있게 되는 경험 말이다. 자전거 타기라든가, 악기 연주라든가, 새로운 댄스 스텝이라든가 같은 것들 말이다. 몸의 반응은 점차 무의식의 차원에서 자동으로 이뤄진다.

우리의 생각, 느낌, 감정도 대개는 이런 방식으로 작동한다. 습관이 된다. 비슷한 상황에서 비슷한 방식으로 반응하게 되는 것이다. 이런 습관들은 바뀌고, 수정되고, 정반대로 역전될 수 있다. 그러기 위해서는 습관을 바꾸겠다고 의식적으로 결심만 하면 된다. 결심이 선 다음에는 새로운 습관과 새로운 사고방식이 자신의 일부가 될 때까지, 몸에 밸 때까지 부단히 훈련해야 한다. 그럼 결국 이 새로운 습관이 낡은 습관을 대체하게 된다.

단, 여기에는 조건이 하나 있다. 그렇게 되기까지 시간을 들이고 기다려야 한다는 것이다. 변화가 즉각적으로 일어나리라고 기대해서는 안 된다. 우리는 지금 수십 년 동안 굳어져 온 프로그래밍을 바꾸려고 하는 중이다. 생각하고, 믿고, 행동하는 방식을 정말로 바꾸기 위해서는 새로운 사고 구조를 형성하는 데 최소한 21일(보통은 그 이상)이 걸린다.

《성공의 원리 성공의 원리(The Success Principles)》에서 잭 캔필드는 습관을 바꾸는 2단계 행동 수칙을 소개한다. 1단계는 자신의 습관 중에서 비생산적이고 미래에 안 좋은 영향을 미치는 습관들을 모두 나열하는 것이다. 2단계는 부정적인 습관을 대체할 더 나은 습관, 더 생산적인 성공 습관을 선택하는 것이다. 그런 다음에는 새로운 습관을 뒷받침할 체계를 구축한다. 흐지부지되지 않도록 기억을 환기시켜 줄 그림이나 사진, 경구 등 시각적 자료를 주위에 붙이자. 성공하는 사람들은 자신이 세운 철칙을 지킨다. 생산적인 습관을 고수한다. 예외 없이, 무슨 일이 있어도 말이다.

물리적으로는 나쁜 습관이나 안 좋은 습관을 깨기란 불가능하다. 새로운 습관을 들이려 하면 안 좋은 습관에 연결된 생각이 먼저 떠오르기 때문이다. 의식적인 뇌의 힘을 활용해야 하는 때가 바로 이런 순간이다. 새로운 생각을 하자. 나쁜 습관에 연결되지 않는 생각이라면 무슨 생각이든 좋다. 곧 나쁜 습관으로 직행하던 생각의 통로가 허물어질 것이다.

이렇게 되려면, 나쁜 습관에 연결된 생각이 더 이상 발화하지 않게 되려면 최소한 21일이 걸린다. 일관성과 끈기를 발휘하자. 생각을 바꾸면 습관이 바뀐다. 생각과 습관을 좌우하면 인생을 좌우할 수 있다!

비범한 시도는
복잡하지도 어렵지도 않다

우리의 물리적 행동은 내적 생각의 외적 표현이다. 우리는 스스로 할 수 있다고 믿는 것 이상은 결코 하지 못한다. 스스로 성공한 사람이라고 생각하지 않으면서 성공한 사람의 습관을 실행할 수는 없다. 생각과 습관을 의식적으로 관리하지 않으면서 생각과 습관을 바꿀 수는 없다.

하지만 희소식은 이것이 그렇게 어려운 일도 아니라는 점이다.

사람들이 위대한 성취를 우러르는 이유는 의식적으로든 무의식적으로든 그것이 약간의 비범한 시도를 했던 평범한 사람들의 성취임을 알기 때문이다. 각자의 시동 장치의 열쇠는 각자가 쥐고 있다. 무슨 일을 하건 열정에 시동을 거는 습관을 들이자.

랠프 왈도 에머슨은 이렇게 조언했다.

"열정은 성공의 가장 강력한 엔진이다. 어떤 일을 할 때 자신의 능력을 총동원하라. 그 일에 온 영혼을 집중하라. 그 일을 자신의 존재 깊이 각인하라. 적극적이고 활기차게 열정과 믿음을 다한다면 누구라도 목표를 이룰 것이다. 위대한 업적치고 열정 없이 된 예는 없다."

열정을 발산할 때 우리는 자석처럼 다른 사람들을 끌어당긴다. 사람들은 에너지가 높은 쪽에 끌리기 때문이다. 우리 주위에 모여든 사람들은 우리가 목표와 꿈을 성취하도록 거들고 싶을 것이다. 그러니 바라는 바를 이루기 위해서 열정의 힘을 이용하자.

일상을 관리하면 인생이 관리된다

크게 성공하는 사람들이 자신의 생활을 관리하고, 나아가 인생을 관리하는 가장 강력한 습관 중 하나는 매일 밤 다음 날의 계획을 세우는 것이다. 이는 생산성과 성공률을 높이는 대단히 효과적인 전략이다. 우리가 잠을 자는 동안에도 무의식은 우리가 깨자마자 이 임무들을 성취할 수 있게 계속 일을 할 것이다. 밤새 무의식은 걸림돌을 극복하고 문제를 해결할 창의적인 방법을 모색할 것이다. 생각 파장을 내보내 우리의 임무와 목표 성취에 필요한 사람들과 자원을 끌어당길 것이다.

자신이 오늘 성취하려는 일을 미리 알고 있을 때 우리는 하루를 분명하고 흐트러짐 없이 시작할 수 있다. 무엇을 어떤 순서로할지 정확히 알기 때문이다. '5의 법칙'이라는 게 있다. 목표를 성취 쪽으로 옮겨 줄 구체적인 활동 다섯 가지를 매일매일 하는 것이다. 전날 밤에 이 다섯 가지를 결정하자. 목표가 성취를 향해신속하고 효율적으로 움직일 것이다. 생활 체계를 강화하는 것은성공을 위해 들여야 할 기본 습관이다.

- 정기적으로 짬을 내어 자신의 업무 분야를 체계적으로 정리한다.
- 스스로 하든 대리인을 시키든 문서 작업을 꼼꼼히 한다.
- 파일 폴더, 책상 서랍, 라벨로 분류하는 수납함 등을 이용해문서를 체계적으로 보관한다.
- 프로젝트들의 우선순위를 정한다.
- 스스로 마감 날짜를 정하고 그 기한을 지킨다.
- 매일 일정과 약속을 체크하는 스케줄러를 활용한다.

- 그날그날 떠오르는 생각들을 저장할 수 있게 녹음기를 휴대한다.
- 덩어리가 큰 임무는 잘게 쪼갠다.

이 간단한 방법들만 실천해도 생활 체계가 꽤 강화될 것이다.

운 좋게도 나는 살면서 걸출한 인물들을 많이 만나 봤지만, 그중에서 평범하지 않은 사람은 한 명도 없었다. 깊이 알아 갈수록 그들이 평범하지만, 다소 비범한 행동을 했던 사람들이라는 것이 자명해졌다. 그들이 했던 비범한 행동은 대다수의 사람이 하지 않을 행동이었다.

데니스 웨이틀리가 자신의 습관에 대해 내게 했던 말을 나는 영원히 잊지 못할 것이다. TV 황금 시간대에 사람들이 대부분 의미 없는 쇼를 쳐다보고 있을 때 데니스는 글을 썼다고 했다. 그의 베스트셀러 한 권 한 권은 모두 남들이 오락에 빠져 있을 때 쓴 글들이다. 데니스는 다른 수백만 명의 사람들도 다 할 수 있었던 일 말고는 한 일이 없었다. 그저 남들이 하지 않는 일을 했을 뿐이다. 데니스의 비범함은 그 이상 복잡하지도, 어렵지도 않다.

효율성을 높이는 20퍼센트의 마법
성공한 사람들은 대개 매일의 할 일을 목록으로 작성하는 습관을 갖고 있다. 특히 월터 도일 스테플스는《승자처럼 생각하라!(Think Like a Winner!)》에서 '할 일 목록'을 분류하는 효과적인 방법을 소개한다.

매일 밤마다 다음 날 완수해야 할 중요한 임무를 모두 적는다. 그런 다음 모든 임무의 우선순위를 A, B, C로 분류한다. 당장 처리해야 할 일은 A 항목으로, 중요하긴 하지만 당장 신경 쓰지 않아도 될 일은 B 항목으로, 꼭 행동을 취할 필요는 없지만 기본적으로 염두에 두고 있어야 할 일은 C 항목으로 지정한다.

A 목록에 있는 항목들에 집중하기 위해서는 '파레토 원리'를 따른다. 이는 이탈리아 경제학자이자 사회학자인 빌프레도 파레토의 이름을 딴 원리로, 전체 자원 중 20퍼센트만을 투입해 80퍼센트의 성과를 산출한다는 뜻이다. 이를 우리의 '할 일 목록'에 적용해 본다면, 하루 동안 수행하는 임무 20퍼센트만으로 하루의 가치 80퍼센트를 달성할 수 있다는 얘기다. 이를테면 어느 날 완수해야 할 임무 10개 중에 단 두 개만 완수할 수도 있지만, 그 두 개를 완수하는 것만으로 목록 전체 가치의 80퍼센트가 채워지는 것이다.

A 항목에 집중함으로써 우리는 하루를 좋은 조건으로 출발할 수 있고, 덜 중요하거나 덜 시급한 임무를 수행하려는 유혹에 빠지지 않을 수 있다. 목록의 80퍼센트에 해당하는 상대적으로 가치가 낮은 임무는 제쳐 두고, 20퍼센트에 해당하는 몇 안 되지만

당장 처리해야 하는 임무에 집중해 보자. 하루의 효율성이 날마다 눈에 띄게 높아질 것이다.

1.4킬로그램의 뇌가
모든 것을 좌우한다

매일매일 실천하기만 하면 뇌 기능을 극적으로 증대시키는 매우 간단한 습관들이 있다.

똑똑해지려면 꼿꼿하게 앉자

우선 허리를 펴고 앉아야 한다. 뇌는 몸의 다른 기관보다 혈액이 30배나 더 필요한데, 척추나 어깨가 구부정해지면 곧바로 뇌로 가는 혈류가 제한된다. 산소가 필요량에 못 미치면 신경 전달 물질도 수용체까지 채 이동하지 못한다.

이는 정원의 물 호스가 중간에 꼬이는 것과 비슷한 현상이다. 단순히 한 지점에 문제가 생겼을 뿐인데도 호스를 통과하는 물의 흐름 자체가 중단되거나 겨우 졸졸거린다. 몸을 구부정하게 하면 뇌로 가는 에너지의 양이 줄어든다. 우리는 의식조차 못할 테지만 당연히 사고력도 떨어진다.

바르지 못한 자세는 심지어 '미니 뇌졸중'으로 불리는 일시적인 혈류 장애로 이어지기도 한다. 뇌로 가는 산소량이 부족해 뇌의 미세한 혈관이 터지고, 그래서 그 혈액을 공급받아야 하는 뇌세포가 기능을 멈춰 뇌졸중이 일어나는 것이다. 그러니 똑똑해지려면 꼿꼿이 앉자.

수분은 뇌에게도 필요하다

뇌와 몸을 동시에 이롭게 하는 또 하나의 훌륭한 습관은 물을 충분히 마시는 것이다. 메시지가 뇌세포에서 뇌세포로 이동하려면 시냅스 간격을 건너야 하는데, 이 간격은 물로 채워져 있다. 신경 전달 물질도 이 간격에서 방출되고, 뉴런은 이 유동체를 통과해 다른 뉴런에 연결된다.

과학자들이 추정하기로, 우리 몸은 겨우 5퍼센트만 탈수가 돼도 뉴런의 3분의 1이 다른 뉴런에 성공적으로 연결되지 못한다. 엄청난 양의 메시지를 잃는 것이다. 10퍼센트가 탈수되면 뉴런의 무려 50퍼센트나 신호 전달을 완수하지 못한다. 이렇게 되면 우리의 문제 해결 능력과 일처리 능력이 극적으로 감소되고, 결국 우리 자신만이 아니라 주위 사람들까지 그 결과를 고스란히 떠안게 된다. 결정을 내리고 갈등을 해소하는 능력은 목표를 성취하는 데 없어서는 안 될 필수 기능인데, 탈수가 되면 뇌의 기억 저장소에까지 접근하는 데 한계가 생기기 때문이다.

그럼 하루에 물을 얼마나 마시면 될까? 안타깝게도 이 질문에 대한 답은 간단하지가 않다. 과학자들마다 견해가 다르기 때문이다. 흔히 '하루에 물 여덟 잔을 마시라'고 하지만, 여기에 과학적 근거는 없다. 분명한 것은 목이 마르다고 느낄 때는 이미 어느 정도 탈수가 진행됐다는 점이다. 뇌가 보내는 메시지, 즉 '목이 마르다'는 메시지는 우리가 의식도 하지 못한 채 이미 탈수로 애를 먹고 있는 상황에서 뒤늦게 배달된다.

그래서 결론은 물을 수시로 마셔 줘야 한다는 것이다. 물 마시기를 잊지 않도록 물병을 책상 위에 갖다 놓고 계속 홀짝이자. 물만 잘 마셔도 목표를 성취할 가능성이 훨씬 높아진다.

햇볕은 만병통치약이다

목표 성취에 도움이 되는 또 다른 습관은 매우 간단하면서도 대단히 효과적인 방법이다. 바로 빛에 노출되는 것이다. 빛에 노출되는 것이 우울증을 날려 버리는 데 항우울제만큼이나 효과적이라는 사실은 이미 과학적으로 입증됐다. 물론 빛 중에서는 햇볕이 가장 강력하다. 그러니 사무실 밖으로 나가 잠시 산책을 하자. 커피를 마시더라도 발코니나 테라스에 나가 앉자.

좌뇌와 우뇌를 자극하자

다음은 뇌들보를 강화해 주는 습관이다. 뇌들보는 좌뇌와 우뇌를 연결해 주는 조직인데, 뇌 양쪽을 동시에 활용하는 활동을 꾸준히 하면 뇌들보가 강화돼 의사 결정 능력이 향상되고 균형 잡힌 선택을 하게 된다.

첫 번째 방법은 이렇다. 의자에 앉아 오른발을 들어 올린 다음 허공에 시계 방향으로 원을 그린다. 동시에 오른손을 들어 집게 손가락으로 허공에 숫자 6을 그린다. 이렇게 하면 우뇌와 좌뇌가 동시에 기능한다.

두 번째 방법은 좀 바보스럽게 느껴지는 동작이기는 하지만 양쪽 뇌를 자극하는 데는 매우 탁월하다. 오른손 집게손가락으로 코를 짚는다. 왼손을 오른손 밑으로 지나가 집게와 엄지손가락으로 오른쪽 귀를 잡는다. 유치한가? 때로는 가장 유치한 방법이 가장 효과적이기도 한 법이다.

뇌는 가짜 웃음에도 속는다

마지막 습관은 즐거운 방법인데, 우리의 의식과 무의식에 긍정적인 인상을 남기는 중요한 습관이다. 웃자! 웃고 즐기자! 안 되면 가짜로라도 웃어야 한다. 가짜로 웃으면 의식은 속지 않겠지만 무의식은 속는다. 알다시피 무의식은 우리가 말하고 행동하고 생각하는 모든 것을 진짜로 받아들인다. 그래서 가짜로라도 웃으면 뇌에서 긍정적인 화학 물질과 신경 전달 물질이 방출된다. '웃음은 최고의 명약'이라는 말이 과학적으로도 입증된 것이다. 미룰 것 없다. 지금 당장 웃어 보자!

신체 운동의 중요성이 갈수록 강조되고 있다. 물론 운동이 몸에 좋다는 걸 모르는 사람은 없다. 하지만 운동이 '뇌 음식'과 같다는 것도 다들 알까? 어떤 형태든 모든 운동은 뇌 음식이다. 자연스럽게 스트레스를 줄여 주고 부정적 에너지도 배출해 준다.

과학자들에 따르면 하루 30분씩 일주일에 6일을 운동하면 사고력이 향상된다. 또 운동을 다양하게 하면 새로운 뉴런 연결이 활발해지고 신경 전달 물질도 증가한다고 한다. 이제까지 소파에 누워 TV나 봤던 사람도 운동만 하면 뇌 기능이 강화된다는 얘기다.

비슷한 방식으로 가로세로 낱말 맞추기나 섹스도 뇌를 자극한다. 퍼즐이나 섹스는 정신이 하는 운동이다. 달리기는 노화 속도마저 늦춘다. 하루 30분씩 일주일에 4일 동안 달리기를 하면 뇌 안에 '뇌세포 은행'이 생기는데, 나중에 뇌세포가 퇴화되면 이 은행에 있는 세포들이 그 자리를 대체한다.

신체 운동의 장점은 이것만이 아니다. 엔도르핀을 방출하고 전반적인 행복감도 높여 준다. 뇌로 가는 혈류량을 늘려 뇌에 영양분을 공급하고 최적의 기능을 촉진한다. 또 에너지를 높여 주고 무기력을 떨치게 한다. 신진대사를 높여 식욕을 조절하기 쉽게 하고, 멜라토닌을 적절하게 분비해 수면 주기를 안정시킨다. 그러니 신체 건강만이 아니라 뇌의 역량을 키우기 위해서도 또 몸과 마음의 최적화를 위해서도 운동을 하자!

하루 한 문장, 긍정 비타민

학습과 성취를 돕는 또 다른 생활 습관은 우리가 어릴 때부터 자주 듣던 속담 한마디에 들어 있다. "하루에 사과 한 알이면 의사 볼 일이 없다"라는 속담이다. 이 말에 정말로 과학적 근거가 있었던 것이다. 코넬대학교의 한 연구팀은 사과가 뇌세포의 손상에 맞서 싸우고 치매를 예방한다는 사실을 밝혀냈다. 독소에 엉겨 붙어 독소의 배출도 돕는다고 한다. 그러니 엄마 말씀 잘 듣고 하루에 사과 한 알씩 먹자. 우리의 몸이 고마워할 것이다.

또 매일매일 비타민을 챙겨 먹으라는 말도 다들 많이 들었을 텐데, 더그 벤치는 이 말을 살짝 비틀어 다음의 '하루 비타민'을 제안한다.

- 누가 어떻게 지내느냐고 안부를 물으면 당신의 실제 기분과 상관없이 반드시 긍정적으로 답하자. 뇌의 80퍼센트 이상이 당신의 대답을 진실로 받아들인다.
- 당신이 얻은 결과와 당신의 기분은 전적으로 당신 자신의 책임임을 매일매일 받아들이자.
- 매일 새로운 뭔가를 배우자. 더 많이 배울수록 혹시나 나중에 문제나 갈등이 생겼을 때 더 많은 정보를 자유로이 꺼내 쓸 수 있다.

- 큰 소리로 하거나 속으로 하는 모든 부정적인 말을 알아채고 멈춰라. 지체 없이 그 말을 긍정적인 말로 바꾸자.
- 매일 자기답지 않은 일을 해 보자. 낯설고 이례적이고 뭔가 다른 일을 하자. 뇌세포 연결이 더 많아지고 안전지대가 확장될 것이다.
- 목표를 종이에 기록하자. 기록이라는 단순한 행위가 뇌세포 연결을 더욱 단단하게 해 주고 더욱 오래가게 해 준다.
- 하루도 빠짐없이 기꺼이, 열렬히 실패를 경험해 보자. 편도체가 활성화되고 안전지대가 확장될 것이다.
- 매일 최소한 두 명에게 사랑한다고 말하되 그중 한 명은 반드시 자기 자신이 되게 하자. 그럼 말하는 사람의 뇌와 듣는 사람의 뇌에서 동시에 긍정적인 신경 전달 물질이 나온다.
- 매일 몸을 위한, 마음을 위한, 가장 좋기로는 둘 다를 위한 운동 요법을 실천하자. 뇌의 역량이 저절로 높아질 것이다.
- 사람들이 전부 똑같이 하는 일이 무엇인지 살펴보고 그 반대로 하자. 절대다수의 사람은 목표 성취를 하지 못하며 성취에 초점을 맞추지도 못한다. 누구나 다 하는 일이 무엇인지 살펴보고 그 반대로 하자.
- 일어나서 외쳐 보자. "나는 굉장해, 뭐든지 이룰 수 있어! 나의 뇌 역량은 엄청나게 탁월해!" 당신은 이 말을 곧 믿게 될 것이다.

당신에게 확신을 주는
성공 노트 11

- 사람들은 대개 뭔가 대단한 것을 해내지 못해서 또는 뭔가 대단한 약점이 있어서 실패한다고 착각한다. 하지만 둘 다 사실이 아니다. 대개 실패의 진짜 원인은 작고 사소한 일들을 하지 않아서다. 일상 습관의 문제인 것이다.

- 성공은 매일매일 반복되는 작은 노력들의 총합이다.

- 새로운 생각을 하자. 나쁜 습관에 연결되지 않는 생각이라면 무슨 생각이든 좋다. 곧 나쁜 습관으로 직행하던 생각의 통로가 허물어질 것이다.

- 매일 몸을 위한, 마음을 위한 그리고 가장 좋기로는 둘 다를 위한 운동 요법을 실천하자. 뇌의 역량이 저절로 높아질 것이다.

· 열두 번째 비밀 ·

꿈의 여정에는
함께할 동료가
필요하다

동맹

두 정신이 만나면 거기에는
반드시 눈에 보이지 않는, 꼬집어 말할 수 없는
제3의 정신이라고 할 만한 힘이 생성된다.
—
나폴레온 힐

내가 어울리는 사람들이
나의 미래도 결정한다

공식적으로든 비공식적으로든 세계적인 성취자들은 마스터 마인드의 힘을 이해하고 활용한다. 마스터 마인드란 간단히 말해서 둘이나 그 이상의 사람이 공동의 목적을 갖고 시너지 효과를 내기 위해 모인 상태를 말한다(오늘날의 기술로는 꼭 대면하지 않아도 된다).

나폴레온 힐은 마스터 마인드를 이렇게 정의했다.

"명확한 목표를 달성하기 위해 조화를 이룬 둘이나 그 이상의 사람이 모여 만드는 지식과 노력의 결합."

공식적인 마스터 마인드 그룹들은 이를테면 '마스터 마인드 마
케팅' 방법을 구축하는 그룹처럼 특정 목적에 국한해서 결성되기
도 한다. 특정 산업이나 주제에 초점을 맞추는 것이다. 챔피언스
클럽 회원들은 1년 동안 다른 회원들과 함께 마스터 마인드 그룹
에서 활동하면서 서로 목표 성취를 돕는다.

마스터 마인드 그룹에서는 구성원들의 에너지와 다짐과 신바
람이 시너지 효과를 일으킨다. 구성원들이 서로를 부추겨서 목
표를 세우고, 추진해 나가고, 브레인스토밍으로 아이디어를 내고
서로를 적극 지원한다. 이처럼 서로의 한계를 높여 준다는 점이
마스터 마인드 그룹의 장점이다. 마스터 마인드 구성원들은 서로
성장을 위한 기폭제가 돼 주고, 일부러 반대 의견을 제시해서 모
든 가능성을 살피게 하는 트집쟁이가 돼 주고, 언제나 든든한 동
료가 돼 준다. 그야말로 궁극의 책임 체제다.

에너지를 주고받을 동료를 찾자

단순히 이야기하기만 해도 뇌에서 좋은 호르몬이 방출된다는
것은 이미 과학적으로 입증된 사실이다. 이야기는 사고의 한 형
식이다. 마스터 마인드 그룹 안에서 어떤 주제나 문제를 두고 이
야기를 하다 보면 자기 자신만이 아니라 다른 참가자들까지도 기

분이 좋아진다.

인간의 정신은 에너지의 한 형태다. 본질적으로 영적이다. 둘이나 그 이상의 정신이 조화롭게 결합되면 말로 표현할 수 없고 눈에 보이지 않는 어떤 힘이 생성된다. 조화와 우정으로 결합된 둘이나 그 이상의 뇌는 단 하나의 뇌보다 어마어마하게 강력한 생각 에너지를 발휘한다. 이런 현상은 전기를 쓸 때 건전지를 하나만 연결하느냐 여러 개를 한꺼번에 연결하느냐의 차이와 비슷하다. 당연히 한꺼번에 집합적으로 배출되는 에너지가 건전지 딱 하나에서 나오는 에너지보다 훨씬 강력하다.

목표가 비슷한 개인들의 그룹에서 강력하게 생성된 에너지는 그룹 내 모든 구성원에게 열려 있다. 몇몇 사람만 독점하는 힘이 아니라 마스터 마인드 과정에 동참한 모든 사람이 끌어다 쓸 수 있는 힘이다.

강철왕 앤드루 카네기에게는 주변 사람들 50명으로 구성된 마스터 마인드 그룹이 있었다. 그룹의 목적은 강철을 생산하고 판매하는 것이었는데, 카네기는 자신의 전 재산이 그 그룹의 축적된 힘에서 나왔다고 말한 바 있다. 과정이 어땠는지는 알려지지 않았지만, 막대한 경제적 이득이 그룹 구성원들이나 또는 그룹 자체에 의해 생성됐을 수 있다. 마스터 마인드 그룹 구성원들도 서로 돕기를 즐기고 조언을 아끼지 않는다. 그래서 이득을 보는 것은 구성원 한 사람 한 사람, 모두다.

온타리오주 피터버러에 사는 콘래드 토너는 벌써 2년째 챔피언스 클럽 회원으로 활동하고 있다. 2년째 접어들면서 토너는 자기가 회원 자격을 갱신해야 할지 확신이 안 선다고 내게 말했다. 첫해보다 더 엄청난 결과를 내지는 못할 것 같다고 말이다(그는 첫해에 직장을 그만두고 사업을 시작해서 수입을 세 배로 늘렸다). 그러나 그는 2년 차에 접어들어 더 잘했다. 이제 곧 책이 출간될 예정이고 지역 TV 방송국에 매주 고정 출연도 한다. 물론 이런 성과는 더욱 창창하게 펼쳐질 다음 해의 시작에 불과하다.

토너는 마스터 마인드 경험에 관해 이렇게 말했다.

"마스터 마인드 그룹에서 나온 아이디어와 동기, 내 얘기를 들어 주고 의견을 나눠 준 공명판이나 현실 점검이 내게 가장 큰 도움이 됐습니다."

토너가 성공한 것은 마스터 마인드의 시너지 효과 때문이기도 하지만, 세계 최고 성취자라면 누구나 그러듯이 '목표가 비슷한 사람들'과 어울린 덕분이기도 하다. 1억 원을 가진 사람들과 어울리는 사람은 10억 원을 벌기 힘들 것이다. 10억 원을 가진 사람들과 어울리는 데 만족하는 사람은 100억 원을 만져 보기가 대단히 어려울 것이다.

나폴레온 힐은 《놓치고 싶지 않은 나의 꿈 나의 인생(Think and

Grow Rich)》에서 마스터 마인드 동맹 개념을 설명하면서 강철왕 앤드루 카네기에게서 배운 교훈을 소개했다. 카네기는 힐에게 자신의 수십억 원 규모의 자산이(오늘날의 화폐 가치로 따지면 수조 원 규모가 될 것이다) 그가 속해 있던 50명의 마스터 마인드 동맹이 일궈 낸 결과라고 말했다. 막강한 마스터 마인드란 바로 이런 것이다.

주위 사람들이 내가 귀 기울여도 괜찮은 사람인지, 같이 어울려도 좋은 사람인지 따져 보는 아주 간단한 방법은 그들의 화법을 들어 보는 것이다. 그들이 나에 관해, 자신에 관해, 여타 주제들에 관해 무슨 말을 하는가? 승자들은 성공적인 결과를 낳는 이야기들을 한다. 물론 승자라고 해서 늘 완벽하고 멋진 날만 보내지는 않는다. 그러기는 거의 불가능하니까. 하지만 그들은 의도적으로 부정적인 생각이 아니라 긍정적인 생각에 초점을 맞춘다.

오디오 프로그램 〈Mind Your Brain Success System〉에서 더그 벤치는 마스터 마인드 그룹 활동의 중요성과 그 장점을 칭송한다. 그가 제안하는 최적의 그룹 조건은 자신을 제외하고 최소 두 명, 최대 다섯 명이다. 이때 되도록 자신과 같거나 자신보다 뛰어난 성취 수준에 있는 사람, 자신이 성취하고자 하는 목표를 이미 성취한 사람들로 구성되는 게 바람직하다.

그룹에 있는 사람이 나를 칭찬하면 나의 뇌에서는 엔도르핀이라는 신경 전달 물질이 자동으로 방출된다. 그럼 나의 쾌락 자극은 높아지고 몸의 통각 수용체는 억제된다. 목표가 비슷한 사람들과 같이 있으면 기분이 저절로 좋아지는 것이다.

마스터 마인드 그룹은 구성원이 스스로 자신의 생각, 믿음, 행동을 책임지도록 돕는다. 조지 워싱턴 카터는 "실패자의 99퍼센트는 변명하는 습관을 가진 자들이다"라고 말했다. 마스터 마인드 그룹은 구성원이 자기도 모르게 하고 있는 한계 짓는 생각과 변명을 자각하게 해 준다. 그들은 모든 구성원이 성공하기를 바라기 때문에 한 사람 한 사람이 지금 있는 자리에서 장차 있고 싶은 자리로 나아가게 돕는다.

내면에 잠들어 있는
거인을 깨우자

마스터 마인드의 지원과 아울러 우리에게는 또 한 친구가 가까이 있다. 상상해 보자. 우리가 내딛는 걸음마다 우리를 지지하는 누군가가 있다면, 매 순간 의지할 수 있는 누군가가 있다면 얼마나 큰 힘이 되겠는가? 그런 사람은 가장 가깝고도 사랑하는 친구일 것이다.

당신이 믿거나 말거나 우리에게는 그런 친구가 있다. 지금까지 살아오는 동안 죽 우리 곁에 있어 준 친구다. 그 친구는 우리 내면에 있다. 우리가 무시했을 뿐 항상 거기 있었다. 그 친구는 우리가 필요로 할 때면 언제나 우리 편이 돼 준다. 그러니 지금까지 배운 비밀들을 활용해 이 내면 친구와 사귀어 보자.

이 친구는 우리 안에서 잠을 자고 있다. 깨워 주기를 기다리는 잠자는 거인이다. 이 거인에게는 우리 내면에서 나오는 동기가 필요하다. 우리가 그를 매일 먹이고 보살피면 그는 우리가 두려움을 정복하도록, 보이지 않는 걸림돌들을 격파하도록 도울 것이고 목표를 향해 전진하도록 이끌 것이다. 그는 램프에서 풀려나기를 기다리는 요정 지니다. 아주 오랫동안 우리의 지시를 기다려 왔으며, 우리 한 사람 한 사람의 자기 이행적이고 근원적인 일부다.

스미스소니언 협회 엘머 게이츠 교수는 잘 알려진 천재이자 세계적으로 유명한 발명가였다. 그는 매일매일 무의식을 일깨워 창조적인 아이디어와 유쾌한 기억을 끌어내는 습관을 갖고 있었다. 그렇게 하는 것이 그의 하루에 크나큰 도움이 된다고 확고하게 믿었기 때문이었다.

엘머 게이츠는 이렇게 말했다.

"(삶이 나아지길 바란다면) 자신이 자비롭고 쓸모 있는 사람이라는 기분 좋은 느낌을 항상 환기해야 한다. 워낙 가끔씩만 떠오르는 그 느낌들을 수시로 불러내기를 한 달쯤 하고 나면 자신의

행동과 생각이 놀라울 만큼 변해 있음을 발견할 것이다. 실제로
이전과는 차원이 전혀 다른 존재가 돼 있음을 알게 될 것이다."

자, 마스터 마인드의 힘과 우리의 내적 자원을 활용하자. 둘의
조합은 마법처럼 우리를 성공과 성취로 끌어올려 줄 것이다.

당신에게 확신을 주는
성공 노트 12

- 꿈 동맹자를 만들자. 항상 목표를 명확하게 인식하게 하고 서로의 한계를 높여 줄 것이다.

- 10억 원을 가진 사람들과 어울리는 데 만족하는 사람은 100억 원을 만져 보기 어렵다. 어떤 사람과 어울릴 것인가?

- 같이 어울려도 좋은 사람인지 따져 보는 아주 간단한 방법은 그들의 화법을 들어 보는 것이다. 그들이 나에 관해, 자신에 관해, 여타 주제들에 관해 무슨 말을 하는가?

- 지역 사회나 온라인에서 자신에게 적합한 마스터 마인드 그룹을 찾아라. 그리고 그룹의 모든 모임에 참석할 것이며, 받기보다 더 많이 주겠노라고 다짐하자.

- 나의 내면에 잠들어 있는 꿈 동맹자를 깨워 보자. 언제든 필요로 할 때 나의 편이 돼 줄 것이다.

· 열세 번째 비밀 ·

이제는
원하는 대로
다 이루며 산다

(원칙)

이제 상상하던 대로
살기 시작할 시간이다.
—

헨리 제임스

반드시
원칙으로 돌아갈 것

이 책을 지금까지 죽 읽은 독자라면 새로운 정보를 발견하기도 했겠지만, 새로운 '비밀'이라 할 만한 것은 찾지 못했을지도 모른다. 웬만한 사람이라면 여기서 밝힌 것들을 이미 들어 본 적이 있을 거라는 얘기다. 그렇더라도 부디 이 책이 그 정보들을 적절히 활용할 수 있는 새로운 방식을 제공했길 바란다.

자, 여러분이 여기까지 잘 따라와 줬으므로 나는 이제 세계적인 성취자들의 진정한 비밀을 일러 주는 것으로 보답할 생각이다. 마음의 준비를 하시라. 진정한 비밀이 무엇인가 하면 … 바로 비밀은 없다는 것이다. 그렇다. 세계적인 성취자들은 다 안다. 비밀은 없다는 것을 오로지 원칙만이 있다는 것을!

가만히 생각해 보길 바란다. 비밀이 있었다면 성공한 그 수많은 사람이 어떻게 이제까지 숨겨 왔겠는가? 나 역시 그토록 간절히 '비밀'을 배우고 싶어 할 때는 이런 생각을 미처 하지 못하고 비밀이 반드시 존재하리라고만 믿었다. 그러나 비밀이란 없다는 사실이 마침내 내 뇌리에 스치던 날, 나는 계시를 받은 듯 정신이 퍼뜩 들었다.

그럼 어째서 나는 '13가지 원칙'이 아니라 '13가지 비밀'이라고 했는가? '원칙'이라고 했으면 남들 모르는 사실을 배우려고 이 책을 선택한 사람들의 10퍼센트도 안 되는 이들만 이 책을 읽었을 것이기 때문이다. 그래서 최종 결론은 무엇인가? 우주는 그리고 그 안에 있는 모든 것은 일련의 법칙(원칙)의 지배를 받는다는 점이다. 우리의 삶이 그 원칙과 조화를 이루면 자연히 우리는 우주의 무궁무진함을 담아내는 열린 그릇이 된다.

누구나 우주의 중요한 법칙들을 들어 봤을 것이다. 가령 원인과 결과의 법칙, 끌어당김의 법칙, 호혜의 법칙, 보상의 법칙 같은 것들 말이다. 세계적인 성취자들은 이 원칙들을 존중하고 그에 입각해서 산다. 누누이 말했듯이 그들도 평범한 사람들이고, 그들도 누구나 겪는 유혹과 갈등에 맞서 싸운다. 차이가 있다면, 그들은 반드시 원칙으로 돌아간다는 점이다.

미국 내셔널풋볼리그 전설의 코치 빈스 롬바디는 풋볼 경기에서 승리하려면 기본 원칙에 충실해야 한다고 확고하게 믿는 인물이었다. 그래서 새 시즌을 시작할 때마다 선수들 앞에서 공을 들어 올리고 이렇게 말했다.

"제군들, 이게 뭐지? 풋볼이야!"

성공은 사람이 아니라 법칙을 따른다

이제 여러분은 세계에서 가장 성공한 사람들만 알고 있는 13가지 비밀을 모두 알았다. 분명히 그중에는 몇 가지나마 새로운 것이 있을 테고, 아니면 전과는 달리 새로운 방식으로 조명된 부분이 있을 수도 있다. 이제 정말 중요한 질문만 남았다.

이 비밀들로 과연 무엇을 할 것인가?

내용을 정리해서 출력하려고 궁리 중인 독자가 있다면 분명히 말하는데, 부질없다. 비밀이 인쇄돼 있다 해도 종이는 종이일 뿐이고 지금 당장 행동으로 옮기지 않는 한 아무 소용이 없다.

하지만 또 하나 분명히 말하건대 만일 여러분이 이 비밀들을 실행에 옮기기만 한다면 여러분은 솔로몬 왕의, 아니 빌 게이츠의 부귀보다도 더 값진 결과를 바로 이번 생에서 얻게 될 것이다. 그들의 재력을 따라잡진 못한다 해도 그야말로 상상을 초월할 정도로 삶이 풍요로워질 것이기 때문이다.

여러분은 이미 필요한 모든 도구를 갖췄다. 사실 우리는 나면서부터 우리가 그토록 바라던 것을 얻는 데 필요한, 그토록 꿈꾸던 삶을 사는 데 필요한 모든 것을 갖추고 있다. 그것을 아주 조금만 바꾸면 원하는 것이 무엇이든 아주 많이 얻을 수 있다.

자신에 대한 믿음과 목표 성취에 관한 이 책을 읽으면서 여러분의 눈에는 이 책의 글들이 하릴없이 꼬물꼬물 이어지는 글자들로만 보였을 수도 있다. 자, 이제 여기에 생명을 불어넣길 바란다. 제시된 비밀들을 곱씹고 훈련 방법들을 실천에 옮기길 바란다. 그럼 그것들은 여러분의 소유가, 여러분의 일부가 될 것이다. 여러분 각자에게 달렸다.

지금 이 순간부터 그런 삶을 살 준비가 됐는가? 이 책에 소개된 비밀과 방법들은 정말로 효과 만점이다. 누구든 자신에게 맞게 갖다 쓰기만 하면 된다. 자신이 뭘 원하는지 정하고, 그것이 이뤄지리라 믿고, 이 책에 나오는 훈련과 기술들을 실행에 옮기기만 하면 된다. 반드시 된다!

책의 앞부분에 존 웨스트의 편지 일부를 소개했었는데, 이제 그 뒤의 내용을 싣겠다.

… 챔피언스 클럽이 모든 것을 바꿔 놓았습니다. 올해를 제가 살아온 인생에서 가장 멋지고 힘이 넘치는 한 해로 만들어 줬습니다.

올해 저에게는 주요 목표 다섯 가지와 그 외 다양한 2차 목표들이 있었습니다. 주요 목표 중 두 가지는 마음에 그린 것과 약간 다르기는 하지만 성취했고, 나머지 세 가지도 절정에 거의 다다랐습니다. 2차 목표 중 여섯 가지가 이뤄졌고 심지어 더 많은 목표들이 착착 진행되고 있습니다. 전에는 전혀 없었던 일이지요. … 마스터 마인드 그룹과 매주 함께 하는 '나의 책임 요소' 작업은 제 성공 사슬에서 없어서는 안 될 매우 소중한 고리입니다.

새로 익힌 생활 습관, 이달의 책, 끝없이 제공되는 자료들 그리고 무엇보다 우리 한 사람 한 사람에 대한 빅의 확실한 관리와 변함없이 강력한 리더십, 이 모든 것이 제가 경험하고 있는 삶의 변화를 견인해 주고 있습니다. 제가 앞으로 영원히 혜택을 누리게 될 이 변화를 말입니다.

베벌리 힐스에서

존 웨스트 드림

이 비밀들은 존에게 효과가 있었듯이 여러분에게도 효과가 있을 것이다. 하나만 기억하길 바란다.

"우주는 사람을 따르지 않는다. 다만 법칙을 따를 뿐이다."

이 법칙만 적용한다면 여러분은 존을 비롯한 모든 세계적인 성취자들과 같은 결과를 얻게 될 것이다. 이 책을 읽는 내내 여러분의 손에 펜이 들려 있었길 바란다. 모든 질문들에 답을 적고 곧바로 훈련에 돌입했길 바란다. 그렇지 않다면 부디 처음으로 돌아가서 당장 실행하길 바란다. 이 책은 끝이 아니다. 시작이다!
언젠가 밥 프록터는 이렇게 말했다.

"우리는 이번 삶을 딱 한 번 삽니다. 평생 까치발로 살금살금 살면서 너무 크게 다치지는 않고 죽기만을 바랄 수도 있고, 아니면 목표를 성취하고 원대한 꿈을 이뤄 가며 온전하고 충만한 삶을 살 수도 있습니다."

이것이 오늘 여러분 앞에 놓여 있는 선택이다. 평생 까치발로 살거나, 아니면 삶을 변화시키거나.

자, 지금 시작하자!

Goal Setting
당신에게 확신을 주는
성공 노트 13

- 우주는 그리고 그 안에 있는 모든 것은 일련의 법칙(원칙)의 지배를 받는다. 원인과 결과의 법칙, 끌어당김의 법칙, 호혜의 법칙, 보상의 법칙을 믿어야 한다.

- 우주의 법칙들과 조화를 이루면 우리의 삶은 자연히 우주의 무궁무진함을 담아내는 열린 그릇이 된다. 우주의 법칙을 따르자.

- 현재 자기 삶을 힘들게 하는 가장 열악한 조건을 떠올리고, 원인과 결과의 법칙에 입각해 그 조건의 실제 원인이 무엇인지 찾자. 그런 다음 종이에 그 원인을 설명하고 변화를 위한 계획을 작성해 보자.

- 목표 성취에 필요한 모든 도구를 이미 갖추고 있음을 믿자.

- 지금까지 배운 세계적인 성취자들의 성공 비밀을 지금 당장 나의 것으로 만들자. 생명을 불어넣자.

- 지금 시작하자.

할 수 있는 일은
뭐든 하는 삶에 대하여

예전에 신문에 이런 기사가 실렸다.

'꽃제비' 탈북 청년, "한국서 공부한 지 10년 만에 영국 유학"

음식을 구걸하며 어린 시절을 보냈으며 12세에 처음으로 탈북을 감행했다가 몇 차례 실패한 끝에 결국 7년 만인 19세에 한국 땅을 밟았고 그 뒤 10년 동안 학문의 길을 걸어 이제 30세의 나이에 영국 셰필드대 대학원으로 유학을 가게 됐다는 김성렬 씨 얘기였다.

눈물겨웠다. 꼭 영국 명문 대학원에 들어가서가 아니라, 중국에 있을 때 '한국에 오면 탈북자에게 교육 기회를 준다'는 라디오 방송을 듣고 한국행을 결심했다는데, 그는 '꿈을 이룬 사람'이라는 수식으로는 부족할 정도로 '자기 한계를 넘은 사람'이기 때문이었다.

기사에 함께 실린 그의 얼굴이 티 없이 맑고 수수했다. 세 차례의 탈북과 온갖 노동 착취를 당해 가며 유소년기를 보냈다고는 도저히 믿기지 않는 얼굴이었다. 하나씩 걸림돌을 넘고 한계를 넘어서는 과정이 그에게 저런 편안한 얼굴을 선사했을까?

백민석 작가의 자전 소설 〈이 친구를 보라〉에 등장하는 할머니, 그러니까 백민석의 할머니는 어떤가? 뇌경색으로 쓰러져 좌뇌 우뇌가 모두 반쯤 죽었는데도 10년 동안 정신을 놓지 않고, 심지어 거동까지 하며 사셨다. 당신 손으로 혼자 키우고 있던 어린 손자를 두고 쓰러질 수 없기 때문이었을 것이다.

어떻게 이런 일들이 가능한 걸까? 기적이라고밖에는 해석할 수 없는데, 그럼 이 기적은 어디서 오는 걸까? 각자의 삶에는 각자의 맥락이 있고 그 맥락 속에는 유전자와 성장 환경을 포함해서 무수한 변수들이 고유하게 배치돼 있다. 그래서 대개는 기존의 맥락에 따라 살던 대로 살아가기 마련이다. 그리고 기적이라고 한다면 기왕의 맥락을 넘어서 전혀 새로운 또는 최고의 맥락을 창조해 내는 일일 텐데, 그렇게 맥락을 전환하는 일은 무의식의 힘을 동원하지 않고는 가능하지 않을 것이다.

이 책의 저자 빅 존슨이 명쾌하게 밝히고 있듯이 무의식의 힘을 동원하려면 명확한 목표가 있어야 한다. '공부하고 싶다', '손자를 끝까지 책임지겠다' 같은 것들 말이다. 인간의 무의식은 참으로 오묘해서 이렇듯 목표가 절절하기만 하면 목숨을 건 탈북도, 겨우 얼마 남지 않은 뇌를 붙들고 삶을 온전하게 지탱하는 것도 가능해진다.

다만 가능하긴 한데, 문제가 하나 있다. 누구나 다 그렇게 생사를 걸 정도로 절절한 목표를 가질 수 있는 건 아니라는 점이다. 그럼 우리는 어떻게 무의식을 움직여야 할까? 고단하긴 해도 그럭저럭 살긴 사는 우리는 계속 살던 대로 살아야 하는 걸까? 아니다. 생사를 건 목표까지는 아니라 해도 생사를 건 듯 목표를 세우면 된다. 생사를 건 듯 목표에 충실하면 된다. 이 책이 소상하게 밝히고 있는 것이 바로 그 방법이다. 어떻게 하면 의식은 물론 무의식까지 오롯이 목표에 맞춰서 타성에 젖은 삶에 새로운 물길을 터 줄 것인가.

이 책에는 수많은 스승이 등장해서 저마다 우리에게 중요한 지혜들을 전수해 준다. 목표를 세우는 방법, 목표에 집중하는 방법, 흔히 만나는 걸림돌들을, 이를테면 실패에 대한 두려움이나 부정적인 자기 대화 같은 것들을 넘어서는 방법, 심지어 사과를 먹어서 뇌세포의 손상을 막는 방법까지 담겨 있다.

더구나 이들은 모두 자신의 한계를 넘어서 세계 무대에서 이름을 날려 본 거인들이다. 저자 빅 존슨만 해도 집과 차를 다 잃고 '알거지'에서 시작해 지금은 자기 계발 목표 설정 분야에서 '세계적 명성'을 누리고 있다.

이 책이 유난히 흥미롭고 도움이 되는 것은 이렇듯 내로라하는 무수한 스승들의 노하우가 일목요연하게 정리돼 있다는 점이다. 이 책에 인용된 방법이나 교훈들을 각각 해당 저자의 저서들로 찾아보자면 적지 않은 시간이 들 뿐더러, 빅 존슨이 정리한 것처럼 짜임새 있게 공부하기도 쉽지 않을 것이다.

물론 '할 수 있다'는 구호만으로 모든 것을 '할 수 있는' 세상은 아니다. 무의식을 공중 3회전 시킨다 해도 안 되는 일은 안 되는 일이다. 하지만 중요한 것은 못하는 일이 없는 삶이 아니라 할 수 있는 일은 하는 삶이다. 할 수 있는데 할 방법을 몰라서, 지레 겁을 먹어서, 시도해 보지 않아서 못하고 끝이 난다면 우리 삶이 너무 억울하지 않겠는가?

더 이상 용이 나지 않는 시절에 개천에서 태어났어도, 그렇게 자라 '7포 세대'가 됐어도, 역시 내 삶의 책임은 오롯이 나에게 있다. 내 한계를 넘어서 기적을 만들건 한계 아래서 주어진 대로만 살건 상관은 없겠지만, 어떤 시대나 문화 속에서 살아도 비상은 우리 삶의 자유와 책임이다.

곽성혜

꿈을 가져 본 적 있는 모든 사람에게

당신이 꿈꾸지 못할 성공은 없다

인쇄일 2024년 6월 26일
발행일 2024년 7월 3일

지은이 빅 존슨
옮긴이 곽성혜
펴낸이 유경민 노종한
책임편집 조혜진
기획편집 유노북스 이현정 조혜진 권혜지 정현석 **유노라이프** 권순범 구혜진 **유노책주** 김세민 이지윤
기획마케팅 1팀 우현권 이상운 **2팀** 이선영 김승혜 최예은
디자인 남다희 홍진기 허정수
기획관리 차은영
펴낸곳 유노콘텐츠그룹 주식회사
법인등록번호 110111-8138128
주소 서울시 마포구 월드컵로20길 5, 4층
전화 02-323-7763 **팩스** 02-323-7764 **이메일** info@uknowbooks.com

ISBN 979-11-7183-035-0(03190)